Prof. Dr. Rigo Herold

VEB Geräte- und Werkzeugbau Wiesa

Mythos Sturmgewehr WIEGER und die Kalaschnikow Produktion der DDR

Prof. Dr. Rigo Herold

Impressum

Bibliografische Information der Deutschen Nationalbibliothek: Die Deutsche Nationalbibliothek verzeichnet diese Publikation in der Deutschen Nationalbibliografie; detaillierte bibliografische Daten sind im Internet über dnb.dnb.de abrufbar.

Die automatisierte Analyse des Werkes, um daraus Informationen insbesondere über
Muster, Trends und K rrelationen gemäß §44b UrhG („Text und Data Mining") zu
gewinnen, ist untersagt.

Verlag: BoD · Books on Demand GmbH, In de Tarpen 42, 22848 Norderstedt,
bod@bod.de
Druck: Libri Plureos GmbH, Friedensallee 273, 22763 Hamburg
ISBN: 978-3-7693-6849-9

Danksagung

Für die Erstellung der Neuauflage des Buches möchte ich mich an verschiedenen Stellen bedanken. Für die Bereitstellungen von Insiderwissen und Dokumenten gebührt besonderer Dank, den ehemaligen Mitarbeitern des VEB Geräte- und Werkzeugbaus Wiesa. Für die Bereitstellung der Waffen und die Möglichkeit der Erstellung von Fotos bedanke ich mich bei Herrn Dr. Rolf Wirtgen und Frank Lehnen (Wehrtechnische Studiensammlung Koblenz) sowie bei Frau Katja Hartmann und Herrn Steffen Fuhrmann (Militärhistorisches Museum Dresden).

Zwickau, im Februar 2025   Rigo Herold

Abstract

Kalashnikov weapons are widespread worldwide and were produced by almost all countries of the then "Eastern Bloc" according to the Soviet model. The GDR public was less aware of the fact that weapons of this type were manufactured under Soviet licenses and supplemented by their own developments in the Erzgebirge town of Wiesa near Annaberg-Buchholz. The company "VEB Geräte- und Werkzeugbau Wiesa", which was commissioned with this production, was founded in 1957 and had continuously developed into an efficient and modern industrial company and an internationally recognized wapons manufacturer by 1990. While in the early years attempts were made to implement the Soviet license documentation as accurately as possible, here, starting in the 70s, their own ideas for improving the technology and products were increasingly implemented. In the end, the goal of technological processes was to automate mechanical parts production as far as possible, which was successful, but was abruptly interrupted by the political turnaround. In the case of the products, the focus was on a certain departure from the license documentation in order to circumvent existing restrictions of the license agreement. The result was the development of the assault rifle family "WIEGER" (acronym from Wiesa and Germany or Gerätewerk). In addition to new ideas, years of experience in weapons production were incorporated into these products and a weapon system was created that was superior to the international competition in terms of reliability, hit performance and robustness. This superiority was clearly demonstrated in comparisons carried out abroad, and as a result, contracts for deliveries of enormous quantities were announced or concluded, which were terminated in the course of the reunification of Germany with the payment of conventional penalties. With a decision of the Council of Ministers of the GDR on 14 December 1989, initiated by the changed political situation, to gradually stop arms production, the era of this branch of industry in the GDR ended and with it the main production of GWB Wiesa. At the end of its existence, GWB Wiesa was one of the largest employers in the Annaberg district with its approx. 1400 employees. A subsequent attempt to set up a civilian production facility with hydraulic components in the GWB Wiesa failed; in 1990, the final "end" came and the business was wound up. Looking back, it can be said that today's approaches such as digitalisation, Industry 4.0 and a wide range of social services such as a company kindergarten, company doctor, own company kitchen, own holiday facilities, free company transport up to the care of pensioners in the 80s were already a reality at GWB Wiesa. An in-house apprenticeship provided the necessary young skilled workers. Attributes such as the desolate condition of the production facilities and dilapidated building fabric or a range of products that were not suitable for the world market, as many GDR companies were accused of after the political reunification in 1990, did not apply to the GWB Wiesa. On the contrary - the efficiency of the company and the international reputation of its products were too strong a competition for the established arms manufacturers in the Western countries.

An expression of the general state of the GWB Wiesa were also state awards and recognitions such as

- the "Karl Marx Order" for the entire company collective
- the recognitions as an "exemplary company working in terms of energy management"
- "exemplary water management company"
- "area of exemplary order and safety" More than 1000 operating and organisational instructions laid down the responsibilities for all phases of the operational process.

Unfortunately, the public often focuses on negative reports on the topic of arms exports to the Third World. This topic will also be taken up in this publication. On the one hand, the key figures of arms exports are listed, which were almost negligible in an international comparison. On the other hand, the responsibilities are also explained in more detail. It shows that decisions on arms exports in the GDR were made exclusively by central authorities in Berlin. GBW Wiesa had no influence on the state planning specifications for the quantities to be produced and on the distribution and marketing of the manufactured products. The following documentation is therefore primarily intended to pay tribute to the engineering achievements that have made GWB Wiesa a technologically sophisticated company that is globally recognized for its products. The new edition deals with the scientific further exploitation of the findings of the various type variations of the Kalashnikovs up to the WIEGER.

Inhaltsverzeichnis

Beteiligte Autoren

Prof. Dr. Rigo Herold

Geb. 1980 in Annaberg-Buchholz; 1996 Realschulabschluss; 1996 - 2000 Ausbildung als Energieelektroniker bei R+B Steuerungselektronik in Scheibenberg; 2000 - 2001 Fachoberschule am BSZ „Erdmann Kircheis" in Aue. 2001 – 2002 Grundwehrdienst. 2002 - 2007 Studium der Computer- und Automatisierungstechnik an der HTW Dresden (Masterabschluss 2007). Anschließend arbeitete er als wissenschaftlicher Mitarbeiter am Fraunhofer Institut für Photonische Mikrosysteme (IPMS) in Dresden, wo er dessen Aktivitäten zum Systemdesign von Head Mounted Displays (HMDs) begründete. 2011 promovierte er an der Universität Duisburg-Essen zum Dr.-Ing. Nachdem die Fraunhofer-Forschungseinrichtung für organische Materialien und elektronische Devices Dresden (COMEDD) aus dem Fraunhofer IPMS hervorging, fungierte er als Gruppenleiter für Systemdesign. Seit Juli 2013 Professor für Digitale Systeme an der Westsächsischen Hochschule Zwickau. Prof. Herold beschäftigt sich in seiner Freizeit mit der Militärwaffenproduktion GWB Wiesa. Das Interesse ist einerseits familiär begründet. Auf der anderen Seite besteht das Interesse an der Industriegeschichte der DDR, insbesondere wie damals Ingenieure und Mitarbeiter unter stark eingeschränkten materiellen und technischen Möglichkeiten hochwertige Produkte entwickeln und herstellen könnten, welche einen weltweiten Ruf genossen.

Prof. Rigo Herold ist verantwortlicher Redakteur für diese Veröffentlichung.

Die Veröffentlichung entstand unter aktiver Mitwirkung ehemaliger Mitarbeiter des "VEB Geräte- und Werkzeugbau Wiesa".

Mein besonderer Dank gilt:

- Dipl. Ing. Manfred Eckardt (Leiter der Technischen Kontrollorganisation, Direktor für Wissenschaft und Technik)
- Dipl. Phys. Jürgen Berghäuser† (Haupttechnologe, Direktor für Wissenschaft und Technik)
- Dipl. Ing. Werner Ebert† (Chefkonstrukteur)
- Vater Lothar Herold (Zerspanungsfacharbeiter)
- Christian Radtke (Militärhistoriker für die Fertigung von Schützenwaffen im Erzgebirge)

Abkürzungsverzeichnis

AK-47	Automat Kalaschnikow eingeführt 1947
AK-74	Automat Kalaschnikow eingeführt 1974
AKM	Automat Kalaschnikow Modernisiert
BRD	Bundesrepublik Deutschland
DDR	Deutsche Demokratische Republik
FDGB	Freier Deutscher Gewerkschaftsbund
GWB	VEB Geräte- und Werkzeugbau Wiesa
GOST	Staatlicher Standard der Sowjetunion
GSSD	Stationierten Gruppe der Sowjetischen Streitkräfte in Deutschland (DDR)
KMS-72	AKM mit Schulterstütze
KSD	VEB Kombinat Spezialtechnik Dresden
WIS	Wartungs- und Instandhaltungssatz
JAS	Justieranlage für Schützenwaffen
LMG	Leichtes Maschinengewehr
MAB	Militärische Abnahmebedingungen
MfNV	Ministerium für Nationale Verteidigung
MfS	Ministerium für Staatssicherheit
M43	Mittelpatrone im Kaliber 7,62 x 39mm
M74	Mittelpatrone im Kaliber 5,45 x 39mm
NVA	Nationale Volksarmee
PG	Präzisionsgewehr
RGW	Rat für gegenseitige Wirtschaftshilfe
RPG	Reaktive Panzerabwehrbüchse
SDAG	Sowjetisch-Deutsche Aktiengesellschaft Wismut
STG	Sturmgewehr
TGL	Technische Güte- und Lieferbdingungen (DDR Norm)
TKO	Technische Kontrollorganisation
VEB	Volkseigener Betrieb
VOK	Oberkommando der Warschauer Vertragsstaaten
VR	Volksrepublik
VVB	Vereinigung Volkseigener Betriebe
VWP	Vorrichtungen, Werkzeuge ,Prüfmittel

1 Einleitung

Waffen des Typs Kalaschnikow sind weltweit verbreitet und wurden nach sowjetischem
Vorbild von fast allen Ländern des damaligen "Ostblocks" produziert. Weniger war in
der Öffentlichkeit der DDR bekannt, dass Waffen dieses Typs nach sowjetischer Lizenz
und durch eigene Entwicklungen ergänzt, im erzgebirgischen Ort Wiesa in der Nähe von
Annaberg-Buchholz gefertigt wurden. Der mit dieser Produktion beauftragte Betrieb
"VEB Geräte- und Werkzeugbau Wiesa" wurde im Jahr 1957 gegründet und hatte sich
bis zum Jahr 1990 kontinuierlich zu einem leistungsfähigen und modernen Industriebe-
trieb und einem international anerkannten Waffenproduzenten entwickelt. Während in
den Anfangsjahren versucht wurde so exakt wie möglich die sowjetische Lizenzdokumentation umzusetzen, wurden hier, beginnend in den 70er Jahren, zunehmend eigene
Ideen zur Verbesserung der Technologie und der Erzeugnisse umgesetzt. Bei den technologischen Prozessen wurde am Ende das Ziel verfolgt die mechanische Teilefertigung
weitestgehend zu automatisieren, was auch gelang, aber durch die politische Wende jäh
unterbrochen wurde. Bei den Erzeugnissen setzte man auf eine gewisse Abkehr von der
Lizenzdokumentation um bestehende Restriktionen des Lizenzvertrages zu umgehen.
Das Ergebnis war die Entwicklung der Sturmgewehrfamilie "WIEGER" (Akronym aus
Wiesa und Germany bzw. Gerätewerk). In diese Erzeugnisse flossen neben neuen Ideen
die jahrelangen Erfahrungen bei der Waffenproduktion ein und es entstand ein Waffen-
system das der internationalen Konkurrenz in Bezug auf Zuverlässigkeit, Trefferleistung
und Robustheit überlegen war. Bei durchgeführten Vergleichen im Ausland zeigte sich
diese Überlegenheit deutlich und im Ergebnis wurden Verträge über Lieferungen enormer
Stückzahlen avisiert bzw. abgeschlossen, die im Zuge der Wiedervereinigung Deutschlands unter Zahlung von Konventionalstrafen gekündigt wurden. Mit einem, durch die
veränderte politische Situation initiierten Beschluss des Ministerrates der DDR vom 14.
12. 1989 zur schrittweisen Einstellung der Waffenproduktion, endete die Ära dieses Industriezweiges in der DDR und damit die Hauptproduktion des GWB Wiesa. Der GWB
Wiesa war am Ende seines Bestehens mit seinen ca. 1400 Beschäftigten einer der größten
Arbeitgeber im Kreis Annaberg. Ein nachfolgender Versuch eine zivile Produktion mit
Hydraulikbauteilen im GWB Wiesa aufzubauen scheiterte; im Jahr 1990 kam das end-
gültige "Aus" und der Betrieb wurde abgewickelt. Rückblickend kann gesagt werden,
dass heutige Ansätze wie Digitalisierung, Industrie 4.0 und ein breites Spektrum sozialer

Leistungen wie Betriebskindergarten, Betriebsarzt, eigene Werksküche, eigene Ferien-
einrichtungen, kostenloser Werkverkehr bis zur Betreuung der Pensionäre in den 80er
Jahren im GWB Wiesa schon Realität waren. Eine eigene Lehrausbildung sorgte für den
erforderlichen Nachwuchs an Fachkräften. Attribute wie desolater Zustand der Produkti-
onseinrichtungen und heruntergekommene Gebäudesubstanz oder eine Produktpalette
nicht weltmarktfähiger Erzeugnisse, wie sie vielen DDR Betrieben nach der politischen
Wende 1990 angelastet wurden, trafen auf den GWB Wiesa nicht zu. Im Gegenteil - die
Leistungsfähigkeit des Betriebes und die internationale Reputation seiner Erzeugnisse
waren eine zu starke Konkurrenz für die etablierten Waffenhersteller in den westlichen
Ländern. Ausdruck für den allgemeinen Zustand des GWB Wiesa waren auch staatliche
Auszeichnungen und Anerkennungen wie

- o der "Karl-Marx-Orden" für das gesamte Betriebskollektiv
- o die Anerkennungen als "Energiewirtschaftlich vorbildlich arbeitender Betrieb"
- o "Wasserwirtschaftlich vorbildlich arbeitender Betrieb"
- o "Bereich der vorbildlichen Ordnung und Sicherheit"

Mehr als 1000 Betriebs- und Organisationsanweisungen legten die Verantwortlichkeiten
für alle Phasen des Betriebsablaufes fest. Oft werden in der Öffentlichkeit leider negative
Berichterstattungen zum Thema Waffenexport in die Dritte Welt im Vordergrund gestellt.
Dieses Thema soll in dieser Veröffentlichung auch aufgegriffen werden. Es werden dabei
einerseits die Kennzahlen der Waffenexporte aufgeführt, welche im internationalen Vergleich fast vernachlässigbar waren. Auf der anderen Seite werden auch die Verantwortlichkeiten genauer erläutert. Dabei geht hervor, dass Entscheidungen zu Rüstungsexpor-
ten in der DDR ausschließlich von zentralen Stellen in Berlin getroffen wurden. Auf die
staatlichen Planvorgaben für die zu produzierenden Stückzahlen und auf die Verteilung
und Vermarktung der gefertigten Erzeugnisse hatte der GBW Wiesa keinen Einfluss. Die
nachfolgende Dokumentation soll deshalb vordergründig die ingenieurtechnischen Leistungen würdigen, die den GWB Wiesa zu einem technologisch anspruchsvollen und mit
seinen Erzeugnissen weltweit anerkannten Betrieb gemacht haben. In der Neuauflage
wird auf die wissenschaftliche Weiterverwertung der Erkenntnisse der vielfältigen Ty-
penvariationen der Kalaschnikows bis hin zur WIEGER eingegangen.

2 Geschichte und Organisation des GWB Wiesa

2.1 Geschichte

Am 14. Mai 1955 wurde die DDR Mitglied des Warschauer Vertrages und am 18. Mai des Folgejahres beschloss die Volkskammer das Gesetz zur Schaffung der Nationalen Volksarmee (NVA) der DDR und des Ministeriums für Nationale Verteidigung (MfNV). Das vereinte Oberkommando des Warschauer Vertrages (VOK) beschloss in der Folge die Umrüstung der NVA als Koalitionsarmee auf Waffen des sowjetischen Verbündeten. Im MfNV Straußberg entschied man sich für den Erwerb der Lizenz zur eigenständigen Fertigung der Maschinenpistole (Sturmgewehr) AK-47 und in diesem Zusammenhang der ebenfalls sowjetischen Mittelpatrone M43. Ab Juni 1956 begann in der DDR der planmäßige Aufbau des Industriezweiges Handfeuerwaffen und Munition. Gemeinsam mit Experten der Kasernierten Volkspolizei wurde in den Bezirken Suhl, Halle, Dresden, Karl-Marx-Stadt und Cottbus ein Standort für den zukünftigen Rüstungsbetrieb zur Fertigung dieser Waffe gesucht. Im Ergebnis ihrer Untersuchung unterbreitete die Standortkommission dem Leiter des damaligen "Amtes für Technik" zwei Varianten für den möglichen Standort des Werkes. Die Vorzugsvariante war das damalige "Ernst-Thälmann Werk" in Suhl. Hier waren für die Handwaffenproduktion die besten Voraussetzungen gegeben. Die zweite Variante, der letztlich zugestimmt wurde, betraf den Kreis Annaberg im Bezirk Karl-Marx-Stadt. Für den Aufbau des Werkes wurde ein Textillager in Wiesa (vorm. Strumpffabrik Brandt & Schreiber) und eine Trikotagenfabrik in der Stadt Geyer (7 km von Wiesa entfernt) vorgesehen [HÄN-91].

Die Standorte im Bezirk Cottbus (Lübben) und im Bezirk Dresden (Königswartha) wurden für die Munitionsherstellung und die Standorte im Bezirk Halle und Suhl für die notwendige Teilefertigung in Erwägung gezogen. Als Finalproduzent wurde durch das Amt für Technik der "VEB Geräte- und Werkzeugbau Wiesa" (GWB) mit dem Zweigbetrieb Geyer am 01. November 1955 als „Haushaltsorganisation" (alle Kosten einschließlich Forschungs- und Entwicklungsmittel wurden durch den Staatshaushalt finanziert) gegründet. Am 21. Februar 1957 erfolgte die offizielle Gründung des VEB Geräte- und Werkzeugbau Wiesa, obwohl die Lizenzunterlagen zur Produktion der Maschinenpistole AK-47 erst am 28. März 1957 durch den Leiter der Verwaltung I des Amtes für Technik freigegeben wurden. Während damals die Werkleitung noch in Pirna Sonnenstein arbeitete, wurden in den Werkstandorten Wiesa und Geyer die baulichen Voraussetzungen für

Produktion und Verwaltung geschaffen. 1957 mussten in der zukünftigen Fertigungsstätte Werk 1 in Wiesa umfangreiche Baumaßnahmen wie Deckenverstärkungen, Umbauten zur Unterbringung des Werkzeugbaus, der Montage, der Härterei und Oberflächenbehandlung sowie Räumlichkeiten für die Verwaltung realisiert werden. Im Werk 2 Geyer wurde die Produktion von Einzelteilen und die Fertigung des relativ komplizierten Geräteteiles "Gehäuse" der AK-47 vorbereitet. Ein Schwerpunkt beim Aufbau des Werkes war die Beschaffung der erforderlichen Arbeitskräfte. Hier war die Einstellung des Uranbergbaus der SDAG Wismut im Jahr 1958 im Bergrevier Annaberg-Buchholz hilfreich; die dadurch freigewordenen Kräfte konnten in die Planung zur Arbeitskräftegewinnung einfließen. Obwohl die Produktion kontinuierlich gesteigert wurde, bestand die Bausubstanz im Werk 1 bis 1964 nur aus der ehemaligen Strumpffabrik und einem 1957 erbauten Sozialgebäude mit Umkleideräumen, Küche und Speisesaal. Erst danach entstanden neue Produktionsgebäude (Geb. 111 u. 112) in welchen die Endmontage, der Werkzeugbau, die Härterei und Oberflächenbehandlung, die Schleiferei, das Labor und weitere Abteilungen ihre Arbeit aufnahmen. Die Arbeitsbedingungen verbesserten sich spürbar. Im Werk 2 bestand durch die innerstädtische Lage zunächst keine Möglichkeit für die Erweiterung von Produktionsflächen. Ein weiteres bautechnisches Problem bestand darin, dass das Werk bis zum Jahre 1962 keine Möglichkeiten hatte die gefertigten Waffen im Rahmen des Produktionsprozesses den geforderten Beschusstests zu unterziehen. Der Kooperationspartner NVA half und stellte einen Schießstand mit entsprechenden Räumlichkeiten zu Verfügung. Der logistische Aufwand bei der Erprobung der in den Jahren 1960-1962 gefertigten Waffen in einem viele Kilometer entfernten NVA Objekt und deren Rückführung in den Fertigungsablauf des Betriebes stellte eine gewaltige ökonomische Belastung dar. Die Errichtung eines eigenen Schießstandes war unabdingbar. 1962 konnte diese so genannte "Prüfstraße" für den Beschuss, für die Funktionsprüfung, dem Anschuss und die entsprechende Kennzeichnung der Waffen mit Prüfstempel übergeben werden. In den Jahren 1976 - 1984 erfolgten die größten Bauinvestitionen, insbesondere auch im sozialen Bereich. So wurden mit einem Ferienheim (als Austauschobjekt) und einer großzügigen Küche mit Speisesaal wesentliche soziale Verbesserungen erreicht. Gleichzeitig erfolgte eine Erweiterung der Produktionsflächen für die zivile Produktion durch den Neubau eines modernen Gebäudes für den Werkzeugbau und größere Flächen für neue technologische Verfahren in der Waffenproduktion. Durch Erwerb eines zusätzlichen Areals konnte jetzt auch am Standort Geyer eine Erweiterung der

Produktionsflächen stattfinden. Die Entwicklung der Bausubstanz verlief insbesondere bei den Geräten 910 und 920 konform mit der Erzeugnisentwicklung und der Produktionsaufnahme.

- AK-47   Gerät 031/032   Serienbeginn 1960
- AKM   Gerät 910   Serienbeginn 1964
- AK-A74   Gerät 920   Serienbeginn 1985
- WIEGER   Gerät 940   Serienbeginn 1988

Auf die einzelnen Erzeugnisse wird in den folgenden Kapiteln noch detailliert eingegangen.

Seit Beginn der Serienfertigung im Jahr 1960 entwickelte sich der GWB Wiesa, wie bereits erwähnt, auf allen Gebieten kontinuierlich. Am 31. Dezember 1957 hatte der GWB Wiesa 187 Beschäftigte, darunter 26 Frauen. 1960 waren es schon 822 Beschäftigte. Bis zum 31.12.1989 erhöhte sich diese Zahl auf 1448 Beschäftigte, davon 166 Hoch - und Fachschulabsolventen, 1100 Facharbeiter und Meister, 84 sonstige Beschäftigte und 98 Lehrlinge.

1989 erbrachte der GWB Wiesa eine industrielle Warenproduktion von 204,429 Mio Mark, bei einem Kostensatz von 0,867 (zum Vergleich: 1960 - 2,77). Vom Produktionsvolumen entfielen 81,8% auf die Rüstungsproduktion (Kostensatz 0,867), 7,95% auf die Produktion von Vorrichtungen, Werkzeugen und Prüfmitteln (Kostensatz 0,55) und 10,3% auf die Produktion von Lagerungen für Waschvollautomaten (Kostensatz 1,067). Der Grundmittelbestand betrug zum gleichen Zeitpunkt 236,6 Mio Mark (brutto). Das Werk verfügte über 728 Werkzeugmaschinen, wovon ca. 60 % für die militärische Produktion genutzt wurden [HÄN 91]. Ein Potential, das durchaus auch für andere Fertigungsprozesse nutzbar gewesen wäre.

Die im Kapitel 4 behandelten hochspezialisierten Sondermaschinen waren dabei allerdings ein Hindernis. Trotz der positiven Bilanz auf allen Gebieten war die Abwicklung des Werkes auf der Grundlage einer politischen Grundsatzentscheidung beschlossene Sache. Bereits am 14.12.1989 wurde der GWB Wiesa offiziell über den vom zuständigen Ministerium verfügten Exportstopp für Rüstungsgüter in Kenntnis gesetzt. Gleichzeitig wurde die Einstellung der Produktionen für das Jahr 1990 verfügt. Am 01. Juni 1990 wurde der VEB GWB Wiesa in die "Spezialwerkzeuge und Hydraulik GmbH" umgewandelt. 80% der ehemalig ca. 1.400 Mitarbeiter des Werkes waren zu diesem Zeitpunkt bereits arbeitslos, in Kurzarbeit oder hatten anderweitig eine Beschäftigung gefunden. Am 3. Oktober 1990 erfolgte der Beitritt der DDR zur Bundesrepublik Deutschland. Alle durch den Außenhandel der DDR geschlossenen Verträge über Lieferung von Schützenwaffen wurden gekündigt. Dies betraf insbesondere die Verträge über Ausrüstung der Streitkräfte Indiens und Peru mit dem Sturmgewehr WIEGER. Die Bundesrepublik zahlte wegen Nichteinhaltung geschlossener Verträge hohe Konventionsstrafen. Die Höhe der Konversionskosten für die Abwicklung des Werkes betrugen etwa 162 Mio. DM. Die Spezialwerkzeuge und Hydraulik GmbH versuchte am Standort Wiesa mit Hilfe der Unternehmensgruppe Mannesmann und Rexrodt im Werkzeugbau und Hydraulikbereich Fuß zu fassen. Dies gelang nicht. Mitte der 90ziger Jahre wurde der Standort aufgelöst, verkauft und in einem Industriepark umgewandelt. Ein Teil der Gebäude wird heute durch eine Recyclingfirma genutzt, ein anderer Teil steht leer und ist dem Verfall ausgesetzt.

2.2 Organisation und Unterstellung des GWB Wiesa

Zur Werksgründung am 21. Februar unterstand der Betrieb dem "Amt für Technik". Dieses Unterstellungsverhältnis endete am 30. 04.1958. Danach war das GWB Wiesa folgenden Institutionen unterstellt:

- 01.05.1958 - 31.12.1961   Vereinigung Volkseigener Betriebe (VVB) UNIMAK
- 01.01.1962 - 31.12.1969   VVB Eisen- Blech- und Metallwaren
- 01.01.1970 - 31.12.1978   VEB Gerätebaukombinat Königswartha
- 01.01.1979 - 25.01.1990   VEB Kombinat Spezialtechnik Dresden
- 26.01.1990 - 31.05. 1990   Kombinat ORSTA Hydraulik Leipzig.

Verantwortlich für die Koordination eines Teils der Rüstungsproduktion war der VEB Kombinat Spezialtechnik Dresden (VEB KSD). Diesem Kombinat waren 6 Betriebe mit ca. 10.000 Beschäftigten direkt unterstellt. Das in Abbildung 2-1 dargestellte Organigramm zeigt die Unterstellung einzelner Rüstungsbetriebe unter das VEB Kombinat Spezialtechnik Dresden ab dem Jahre 1980.

Abbildung 2-1 Unterstellung des GWB ab 1980 im System der speziellen Produktion der DDR

Abbildung 2-1 zeigt die Leitungsstruktur des GWB

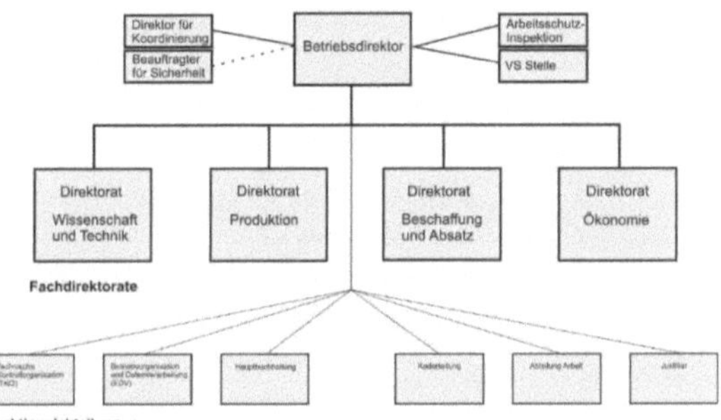

Abbildung 2-2 Leitungsstruktur des VEB Geräte- und Werkzeugbau Wiesa

Abbildung 2-3 zeigt die Aufgabenverteilung innerhalb des Werkes.

Abbildung 2-3 Aufgabenverteilung des GWB

2.3 Forschungs- und Entwicklungsabteilung

Obwohl die Konstruktion der Waffen durch die Lizenz vorgegeben war existierte seit Bestehen des GWB Wiesa eine Abteilung "Erzeugniskonstruktion". Bereits zur Werksgründung 1957 standen dem GWB zusätzlich zu den Investitionen zur Einführung der AK–47 als Lizenzproduktion ein Fond von 1,4 Mio. Mark für Forschung und Entwicklung zur Verfügung.

In den Anfangsjahren bestand die Hauptaufgabe dieses Bereiches in der konstruktiven Anpassung der Einzelteile und Baugruppen an die Normen der DDR, an die vorhandenen Ressourcen auf dem Werkstoffsektor und an die technologischen Bedingungen. Eine weitere Aufgabe dieses Bereiches war von Anfang an die Betreuung der laufenden Produktion auf dem Gebiet der Erzeugniskonstruktion in enger Zusammenarbeit mit den technologischen Abteilungen. Im Verlaufe der Jahre wurden jedoch eigene konstruktive Entwicklungen vorangetrieben wie z.B. der Ersatz der Holzteile durch Plastmaterialien oder der Einführung von Feinguss an Stelle von Schmiederohlingen, vgl. Kapitel 6.3. 1966 realisierten die Ingenieure der Forschungs- und Entwicklungsabteilung eine erste Eigenentwicklung einer Kleinmaschinenpistole 1966. Bei der Festlegung der Vorgaben für diese Entwicklung ließen sich die Ingenieure davon leiten, dass für Spezialeinheiten der bewaffneten Organe der DDR eine kleine, leichte und absolut handhabungssichere Waffe sinnvoll sei. Zugleich erkundete das Entwicklerteam im Rahmen bestätigter Themen der wissenschaftlichen Zusammenarbeit mit den Staaten des Warschauer Vertrages, ob derartige Maschinenpistolen in der Entwicklung sind, bzw. bereits Muster vorliegen. Dabei wurde festgestellt, dass in der damaligen CSSR, der VR Polen aber auch in der VR Bulgarien gleichartige Waffen entwickelt und gefertigt wurden. Aus diesem Grund wurde die Forschung zur Waffe MPI WG 66 werksintern betrieben und nicht für den Themenplan beantragt. Im Jahre 1966 konnte diese Entwicklung erfolgreich abgeschlossen werden und ein funktionstüchtiges Muster hergestellt werden.

Die MPI WG 66 hat folgende technischen Parameter:

- Kaliber: 7,62 mm
- System: Masseverschluss bei festen Schlagbolzen;
- Feuerart: Einzel- und Dauerfeuer
- Magazin: 30 Patronen
- Lauflänge: 180 mm
- Gesamtlänge: Schulterstütze ausgeklappt - 500 mm
- Gesamtlänge: Schulterstütze eingeklappt - 300 mm
- Zieleinrichtung: Kimme drehbar für 50 - 200 m
- Masse: ohne Munition - 1,7 kg
- Feuergeschwindigkeit: 620 Schuss / Minute

Diese Waffe hatte einen abschraubbaren Mündungsfeuerdämpfer und war somit auch für die Verwendung mit einem Mündungsknalldämpfer geeignet. Auf Grund der Marktdeckung durch Kleinmaschinenpistolen aus der Fertigung der CSSR und VR Polen in den bewaffneten Organen der DDR gab es jedoch zu keiner Zeit eine Produktionsfreigabe dieses Gerätes aus dem Jahr 1966. Der Höhepunkt auf dem Gebiet der Erzeugnis

Entwicklung wurde in Zusammenarbeit mit dem "Zentrum für Forschung und Technik - Dresden" mit der Schaffung von Waffenbaukästen insbesondere des Waffenbaukastens WIEGER erreicht, vgl. Kapitel 7. Auch hier beendete die politische Wende eine höchst Erfolg versprechende Entwicklung.

2.4 Werkzeugbau

Wie der Name des Betriebes "Geräte- und Werkzeugbau Wiesa" schon aussagt, bestand das Produktionsprofil des GWB nicht nur in der Herstellung von Geräten (Synonym für Waffen) sondern es existierte auch ein leistungsfähiger Werkzeugbau mit über 150 qualifizierten Facharbeitern, der in Zusammenarbeit mit einer Konstruktionsabteilung für Vorrichtungen, Werkzeuge und Prüfmittel eine nahezu autarke Versorgung des Betriebes sicherstellte.

Die hochmoderne Ausstattung z.B. mit Draht- und Gesenkerodierzentren der Schweizer Firma "CHARMILLES" oder Werkzeugschleifmaschinen HELITRONIC der Fa. WALTHER gestatteten darüber hinaus eine Fertigung von VWP auch für andere Betriebe.

Mit der Inbetriebnahme des separaten Werkzeugbaugebäudes, vgl. Abbildung 2-4. und des angeschlossenen Stahllagers im Jahr 1984 entwickelte er sich zunehmend zu einem prägenden Bestandteil des Werkes. Ein Großteil der Mittel für Forschung und Entwicklung floss in die Herstellung neuer Vorrichtungen, Werkzeuge und Prüfmittel für neue und weiterentwickelte Erzeugnisse. Insofern hatte der Werkzeugbau einen großen Anteil an der Vorbereitung der Baukastenreihen 910 (AKM), 920 (AK-74), der WIEGER Sturmgewehre und auch an der von 1979 bis 1983 im GWB gefertigten Abschusseinrichtung für die reaktive Panzerabwehrwaffe RPG18 (100.5)

Abbildung 2-4 Von 1984 bis 1990 beherbergte diese moderne Funktionsgebäude den Werkzeugbau des GWB

2.5 Das soziale Netzwerk im GWB

Das Netzt sozialer Errungenschaften wurde kontinuierlich ausgebaut. Seit dem Jahre 1958 wurden dazu Maßnahmen in den jährlich abgeschlossenen Betriebskollektivverträgen festgelegt. Dabei ging es neben Versorgungsaufgaben der Beschäftigten mit warmen Mittagsmahlzeiten und einer qualitativ guten Schichtversorgung auch um die fortlaufenden Verbesserungen an den Arbeitsplätzen oder Maßnahmen der Arbeitssicherheit. Der VEB Kraftverkehr Annaberg- Buchholz wurde mit der Absicherung des kostenlosen Werkverkehrs beauftragt. Ein weiterer Schwerpunkt war die Bereitstellung von Betriebswohnungen im Kreis Annaberg-Buchholz oder die Förderung des Eigenheimbaus durch Betriebsmitarbeiter. Ebenfalls stand die medizinische Grundversorgung durch einen Betriebsarzt und in diesem Zusammenhang die Bereitstellung von Kuren für Betriebsangehörige im Mittelpunkt der Anstrengungen. Ein Betriebskindergarten wurde gebaut, eingerichtet und betrieben. Kinderferienlager wurden jährlich organisiert. In der Bergstadt Geyer wurde eine Zahnarztpraxis eingerichtet. In den Betriebsteilen Wiesa und Geyer entstanden Verkaufsstellen. Urlaubsplätze wurden im Inland aber auch im sozialistischen Ausland über das Angebot des FDGB Feriendienst hinaus angeboten. So auch ein Urlauberaustausch mit der VR Ungarn. Ebenso verbesserten sich auch die Löhne und Gehälter der Belegschaft kontinuierlich.

3 Das Qualitätsmanagement des GWB

Ausgangspunkt für das Erreichen einer hohen Zuverlässigkeit von Schützenwaffen unter allen Einsatzbedingungen ist das Bestehen aller Prüfungen der "Erprobungsmethodik für Schützenwaffen", den sog. "Leningrader Bedingungen". Auf die Erprobung des STG WIEGER wird im Kapitel 7.0 gesondert eingegangen. Insbesondere stellen die Prüfungen unter Einwirkung von Sand, Schlamm, Kälte und Wärme erhebliche Anforderungen an die zu prüfenden Waffen. Beim System "Kalaschnikow" wurde die erwiesene Zuverlässigkeit unter solchen Bedingungen u.a. dadurch erzielt, dass alle beweglichen Teile absichtlich in einem relativ großen Abstand zueinander angeordnet wurden. Darüber hinaus sind verhältnismäßig große Grundspiele zwischen den bewegten Teilen konstruktive Absicht, was von Nichtfachleuten oft als „Klappern" fehlgedeutet wurde [KAL-04]. Um die konstruktiven Vorgaben einzuhalten wurde ein enormer messtechnischer Aufwand betrieben. Die im Fertigungsprozess einzuhaltenden Toleranzen bewegten sich dabei grundsätzlich im Bereich von 1/10 mm bis 1/100 mm Bereich. Am Beispiel des Teiles "Verschluss", vgl. Abbildung 3-1, soll das verdeutlicht werden. Die gezeigten Messmittel waren notwendig um allein dieses Teil (im roten Kreis) zu prüfen.

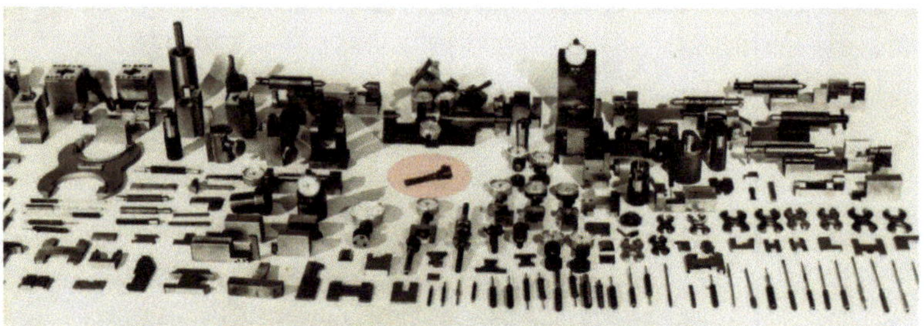

Abbildung 3-1 Messmittel zur Qualitätssicherung der Komponente „Verschluss"

Dabei spielte die Überwachung der Messmittel selbst eine große Rolle. Durch einen periodisch exakt festgelegten Austausch wurde gesichert, dass nur einwandfreie Messmittel zum Einsatz kamen. Die dafür zuständige Abteilung "Messmittelkontrolle" unter der Regie der "Technischen Kontrollorganisation - TKO" war dafür bestens und mit modernen Messgeräten in klimatisierten Räumen ausgerüstet, vgl. Abbildung 3-2.

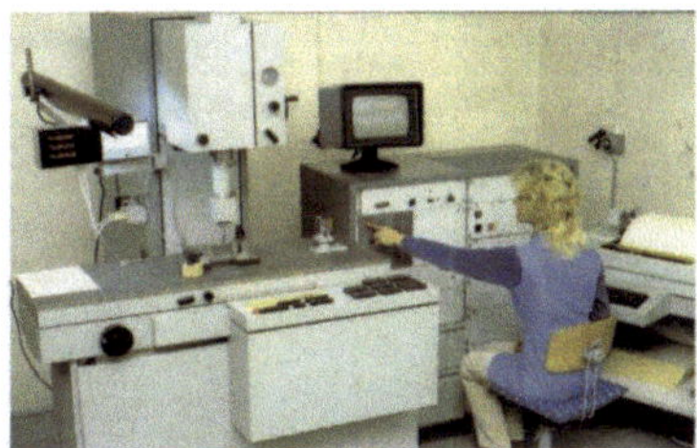

Abbildung 3-2 3-D Messmaschine - Carl Zeiss Jena

Um die Qualität in allen Stufen des Reproduktionsprozesses zu sichern, wurde 1971 unter Leitung des GWB Wiesa ein komplexes Qualitätssicherungssystem für das gesamte damalige "Gerätebaukombinat Königswartha" erarbeitet.

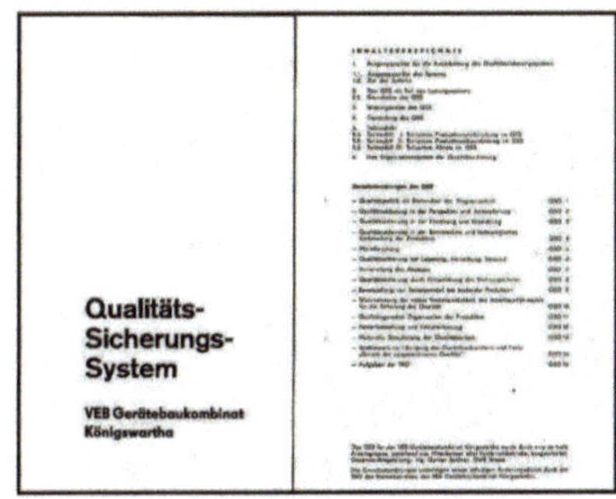

Abbildung 3-3 Qualitätsmanagement des Gerätebaukombinats Königswartha

Aber selbst, wenn in allen Vorstufen qualitätsgerecht gearbeitet wurde, hing die Qualität des Enderzeugnisses letztlich von der zeichnungsgerechten Beschaffenheit der Einzelteile und Baugruppen ab. Dazu erfolgte bis Anfang der 70er Jahre die Prüfung der einzelnen Teile, Baugruppen und auch in der Endmontage mit speziellen Prüfgängen 100 %tig durch die TKO. Diese Methode hatte den Nachteil, dass die Verantwortung für die Qualität mehr dem Kontrolleur zugeordnet wurde, der sie jedoch nur feststellen, aber nicht beeinflussen konnte. Ausgehend davon und unter Berücksichtigung der Tatsache, dass auch eine 100% Kontrolle keine absolut fehlerfreie Fertigung garantiert, wurde in den 70er Jahren schrittweise die statistische Qualitätskontrolle mit Stichprobenplänen nach der TGL 14450 auf Basis des US-Military-Standards 105 D im gesamten Fertigungsprozess, einschließlich Militärabnahme, angewandt. Trotz Einführung dieses rationellen

Kontrollsystems entsprach die Personalstärke der " Technischen Kontroll-Organisation " noch 10 % der Gesamtbelegschaft. Die Abnahme der Teile erfolgte nach diesen Standards in Losen, aus denen eine technologisch vorgeschriebene Stichprobe entnommen wurde. Wurde die sog. "Annahmezahl" überschritten, ging das gesamte Los an die Fertigungsabteilung zum Aussortieren zurück. Durch das System der Arbeitslaufkarten, bei denen jeder einzelne Arbeitsgang durch den Werker mit seiner Kontrollnummer abgezeichnet werden musste, ließ sich der Verursacher meist zweifelsfrei feststellen. Dadurch wurde ein erheblicher erzieherischer Wert erreicht und die Verantwortung für die Qualität dorthin verlagert wo sie primär zu beeinflussen war, nämlich zum Arbeiter an der Maschine oder dem Maschineneinrichter. Nicht maßgerechte Teile wurden konsequent als Ausschuss deklariert und ausgesondert. Eine Ausnahme von diesem Prinzip erfolgte nur, wenn eine größere Menge fehlerhafter Teile gefertigt wurde und ihre Aussonderung einen erheblichen wirtschaftlichen Schaden zur Folge gehabt hätte. In einem solchen Fall hatte der "Technische Rat" (Direktor für Technik, TKO Leiter, Chefkonstrukteur, Haupttechnologe, Militärabnehmer) über die Verwendung zu entscheiden. Je nach Art des Fehlers wurden Berechnungen, Montageversuche oder auch Funktionsnachweise durch Belastungsschießen durchgeführt. In jedem Fall wurde ein solcher Vorgang in einem sog. "Zulassungsprotokoll" dokumentiert, so dass bei später auftretenden Folgen die Ursachen reproduziert werden konnten. Es ist Ausdruck einer verantwortungsvollen Arbeit, dass ein solcher Fall nie eingetreten ist. Letztendlich trug der quartalsweise vorgeschriebene "Belastungsbeschuss" dazu bei, die Qualität des Erzeugnisses im Komplex und unter extremen Bedingungen nach äußerst strengen Kriterien zu prüfen. Die Gesamtheit all dieser Maßnahmen führte zu dem Ergebnis, dass, bis auf die erwähnten Ausnahmen, nur zeichnungsgerechte und voll funktionsfähige Erzeugnisse das Werk verlassen haben. Damit war die Grundlage geschaffen, dass auch jedes einzelne Erzeugnis die Bedingungen der "Erprobungsmethodik für Schützenwaffen" erfüllte und eine Reklamationsquote von 0 % erreicht wurde. Diese in den letzten 17 Jahre erreichte gleichmäßig gute Qualität ohne Reklamationen war keineswegs eine Selbstverständlichkeit. So gab es im Zeitraum von 1970 bis 1989 bei Lieferungen der speziellen Produktion insgesamt 1.914 Vertragsstrafen wegen Verletzung der Qualität und von 1976 bis 1989 mussten 39 Verfahren vor dem Zentralen Vertragsgericht aus gleichem Grund geführt werden. Hier wird deutlich, dass ein 17jähriger reklamationsfreier Zeitraum schon als ein besonderes Alleinstellungsmerkmal des VEB GWB Wiesa bewertet werden kann.

4 Industrie 4.0 und Digitalisierung in den 80er Jahren

4.1 Übersicht

Aktuelle Themen sind Industrie 4.0 und Digitalisierung. Damit ist gemeint, dass klassische Fertigungsanlagen durch eine Vernetzung und zentraler Steuerung effektiver arbeiten können. Ziel dabei ist eine möglichst automatische Fertigung mit wenig händischer Arbeit. Angefangen von der Produktionsplanung bis zu teilautomatisierten Fertigungslinien wurden solche Ansätze bereits in den 80er Jahren im GWB realisiert. Der Maschinenpark des GWB bestand aus konventionellen Werkzeugmaschinen, Sondermaschinen und hochproduktiven NC- und computergesteuerten Fertigungsstrecken. Inländischer Hersteller für Sondermaschinen war der VEB WEMA Saalfeld, WEMA Auerbach, WEMA Plauen und VEB Schleifmaschinenwerk Karl-Marx Stadt. Diese wurden von Spezialisten des Herstellers in Wiesa oder Geyer montiert, eingerichtet und Produktionsfähig übergeben. Spezialmaschinen wurden auch im westlichen Ausland beschafft. Auf Grund damaliger Geheimhaltungsbestimmungen war der Weg der Technik in die Werkhallen der DDR-Waffenproduzenten recht kompliziert. So wurde eine für das GWB bestimmte Werkzeugmaschine durch Monteure der BRD-Herstellungsfirma nach Neudorf am Fuße des Fichtelbergs geliefert und im VEB Spinnflügelfabrik Neudorf produktionsfähig übergeben. Später bauten Spezialisten des GWB diese Maschine ab und überführten sie zum eigentlichen Standort in Wiesa. Im Gegensatz dazu gab es auch Maschinenabnahmen mit originalen Waffenteilen in der BRD. Beginnend bei der Computergestützten Planung werden folgend die fortschrittlichen Bearbeitungsmaschinen bzw. Zentren kurz vorgestellt.

4.2 Einsatz von zentrale Computertechnik und CAD/CAM-Lösungen

Nach zentralen Beschlüssen sollten Schlüsseltechnologien eingesetzt werden, um den wissenschaftlich technischen Fortschritt Stand halten zu können, vgl. Abbildung 4-1.

Abbildung 4-1 Arbeitsplatz Schlüsseltechnologien im Bereich CAD/CAM

Im GWB wurde schrittweise die gesamte Betriebsorganisation auf zentrale und dezentrale Computersysteme umgestellt, vgl. Abbildung 4-2.

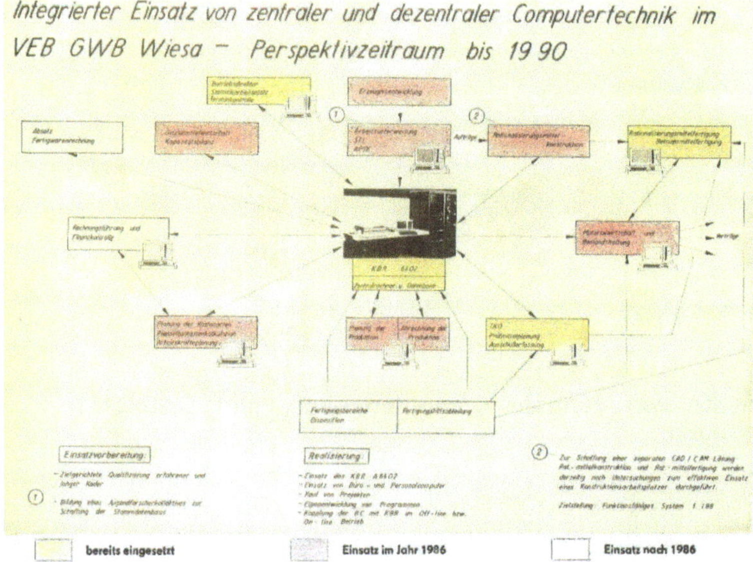

Abbildung 4-2 Konzeption der computergestützten Betriebsorganisation (GWB Originaldokument)

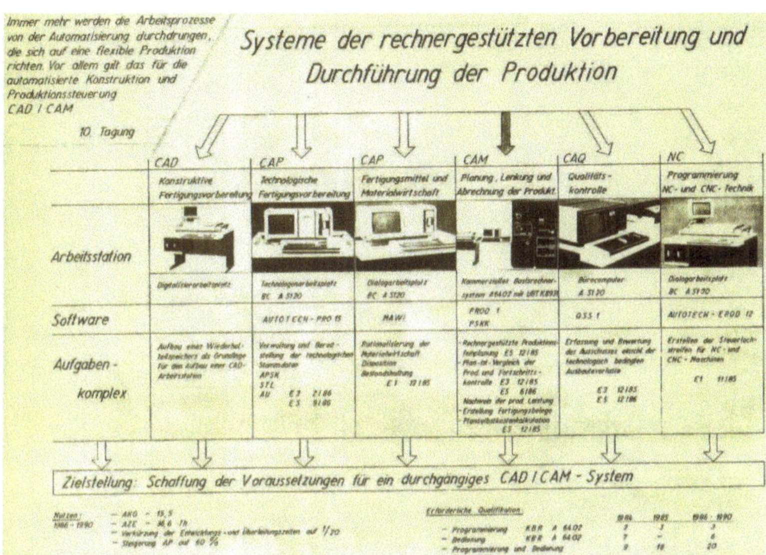

Abbildung 4-3 Durchgängiges CAD / CAM System zur Fertigungsplanung (GWB Originaldokument)

Durch den Einsatz der Computertechnik konnten damals folgende Vorteile geschaffen werden:

- Durchgängige Gestaltung komplexer Rationalisierungslösungen
- Verkürzung der Entwicklungs- und Überleitungszeiten
- Automatisierung der Routinearbeiten
- Hohe Flexibilität der Produktion entsprechend den Marktanforderungen
- Beschleunigte Konstruktion von Rationalisierungsmitteln, Sondermaschinen und Betriebsmitteln

Abbildung 4-4 Rechner Arbeitsplatz im GWB in den 80er Jahren

4.3 Rationalisierung des Fertigungsprozesses

Inhalt der Rationalisierungskonzeption

- Durchgängige Rationalisierung von Fertigungsabschnitten
- Automatisierung der Teilefertigung
- Entwicklung von Sondermaschinen
- Einsatz von Industrierobotern
- Entwicklung mehrspindeliger Fräsmaschinen
- Verkettung von Maschinen bzw. Fertigungssystemen
- Entwicklung betrieblicher Rationalisierungsmittel
- Absicherung der vorgesehenen Steigerung der Produktion von ca. 100 %
- Steigerung der Arbeitsproduktivität um mindestens 50 %
- Sicherung einer Taktzeit von 1,5 min für die Teilefertigung
- Realisierung der Rationalisierungskonzeption bis zum XI. Parteitag der SED

Erreichte Ergebnisse:

- Sicherung des konzipierten Bedarfes
- Taktzeit < 1,5 min
- Wechselfließfertigung zwischen AKM und AK-74
- Einsparung von 156 Arbeitskräften bei voller Kapazitätsauslastung

durch Einsatz von:

- 24 automatischen Bearbeitungszentren
- 15 Industrierobotern
- 7 CNC-Maschinen
- 58 modifizierten Standardmaschinen

Abbildung 4-5 Rationalisierungskonzeption des GWB (Originaldokument)

4.3.1 Vergegenständlichte Ergebnisse der Rationalisierungskonzeption

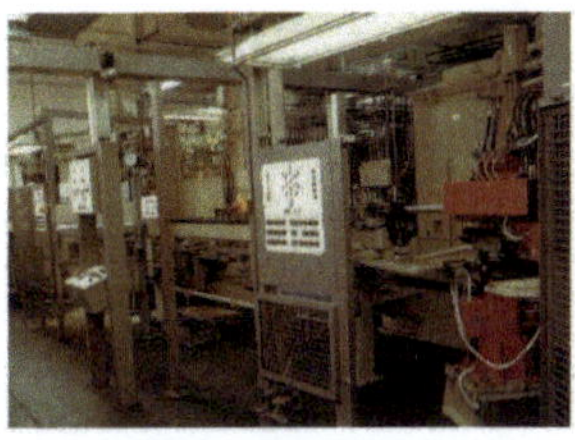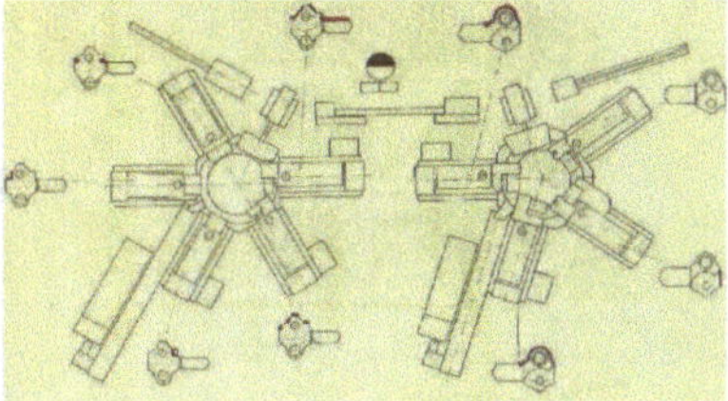

Abbildung 4-6 Automatisches Bearbeitungszentrum zur Bearbeitung der oberen und unteren Kontur des Teiles „Schlossführung" hergestellt durch VEB WEMA Plauen

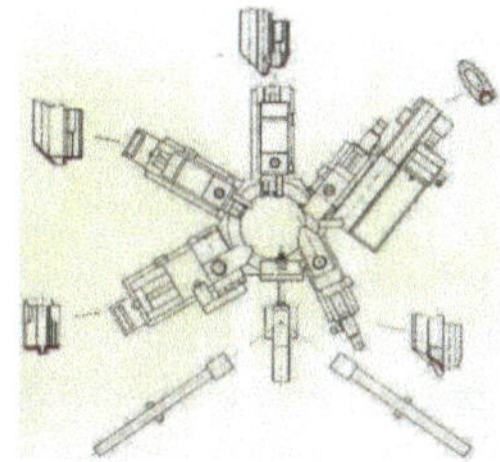

Abbildung 4-7 Automatisches Bearbeitungszentrum zur Bearbeitung der hinteren Kontur des Teiles „Schlossführung" mit Beschickung durch einen Industrieroboter, hergestellt durch VEB WEMA Plauen

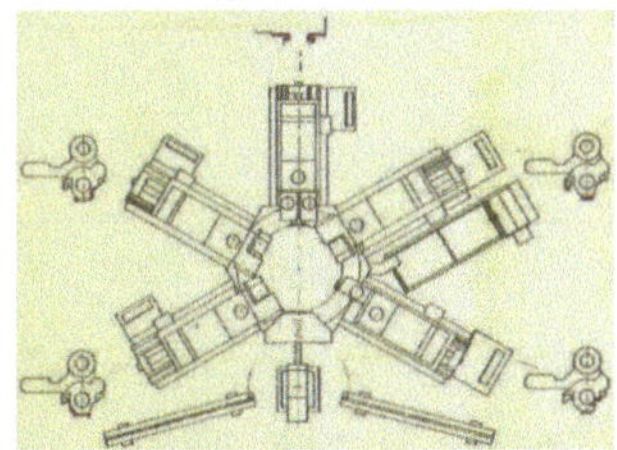

Abbildung 4-8 Automatisches Bearbeitungszentrum zur Bearbeitung des Teiles „Schlossführung" nach der Wärmebehandlung, hergestellt durch VEB WEMA Plauen

Abbildung 4-9 Schrägeinstechschleifmaschine mit 2 integrierten Robotern zum Schleifen des Schaftes bei den Teilen „Schlossführung" und „Schloss". Für die Verkettung mit vor- und nachgelagerten Prozessstufen geeignet.

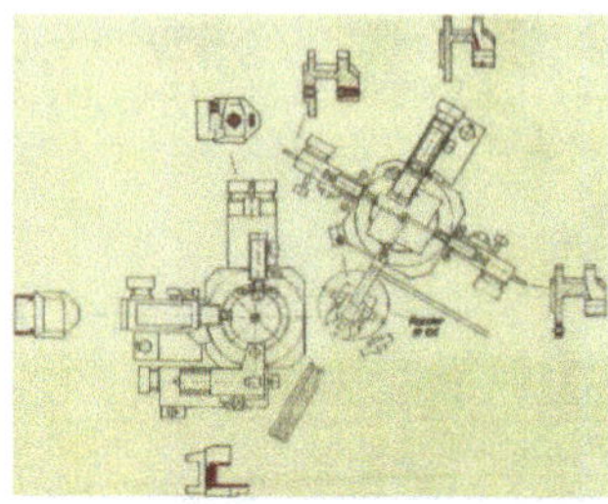

Abbildung 4-10 Automatisches Bearbeitungszentrum zur Komplettbearbeitung des Teiles „Aufnahme für Schulterstütze" mit Beschickung durch einen Industrieroboter

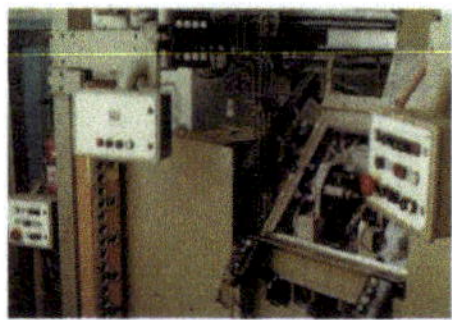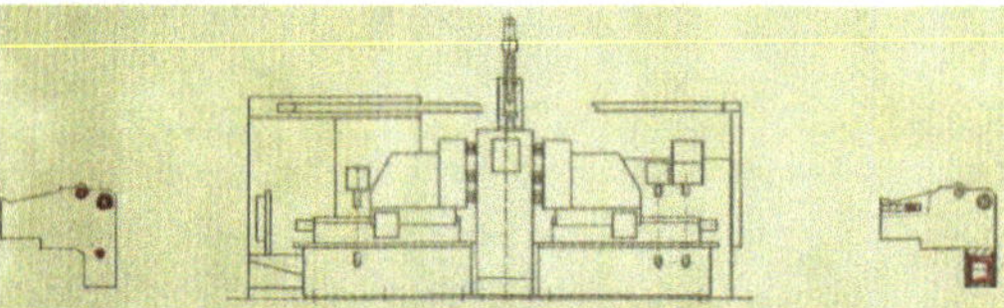

Abbildung 4-11 Sondermaschine mit Trommelmagazin zur Herstellung sämtlicher Bohrungen in einer Aufspannung beim Teil „Visierfuß", hergestellt durch VEB WEMA Plauen

Abbildung 4-12 Modifizierte Universalfräsmaschine (3 Spindeln) zur Ausführung verschiedener Kopierarbeitsgänge bei den Teilen „Visierfuß" und „Kornhalter", hergestellt durch VEB WEMA Auerbach

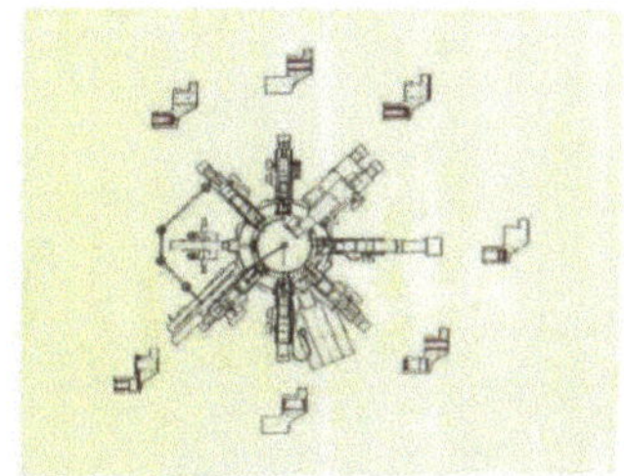

Abbildung 4-13 Automatisches Bearbeitungszentrum zur Herstellung der Bohrungen beim Teil „Verbindungsstück", Beschickung mit Industrieroboter, hergestellt durch VEB WEMA Saalfeld.

Durch ein Jugendforscherkollektiv wurde ein automatisierter Schweißroboter entwickelt, um eine hochproduktive und wirtschaftlicher Fertigung des Teiles „Federführung" zu ermöglichen, vgl. Abbildung 4-14

Abbildung 4-14 Automatischer Schweißroboter für das Teil Schließfeder

4.3.2 Geplante automatische Bearbeitungszentren

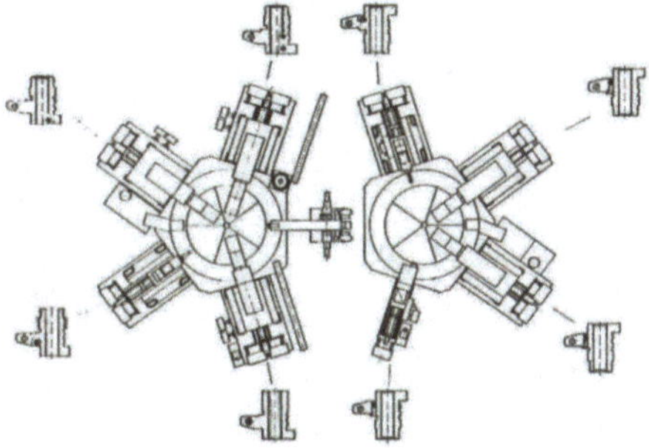

Abbildung 4-15 Automatisches Bearbeitungszentrum mit 2 Rundteiltischen zur Komplettbearbeitung des Teiles „Kornhalter" mit Beschickung durch einen Industrieroboter. Herstellung im VEB WEMA Saalfeld

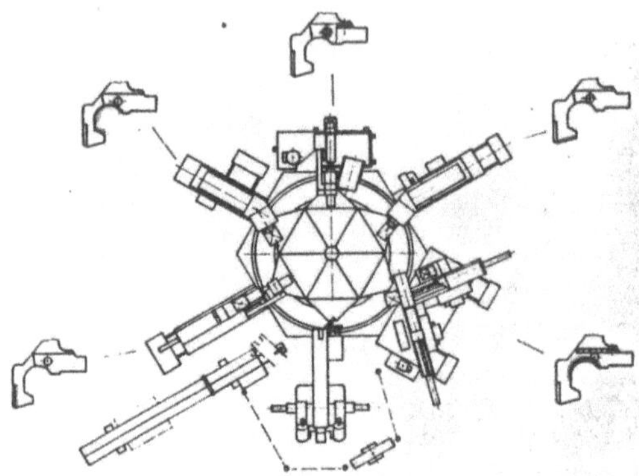

Abbildung 4-16 Automatisches Bearbeitungszentrum zur Bearbeitung des Teiles „Abzug" mit Beschickung durch einen Industrieroboter. Herstellung im VEB WEMA Saalfeld

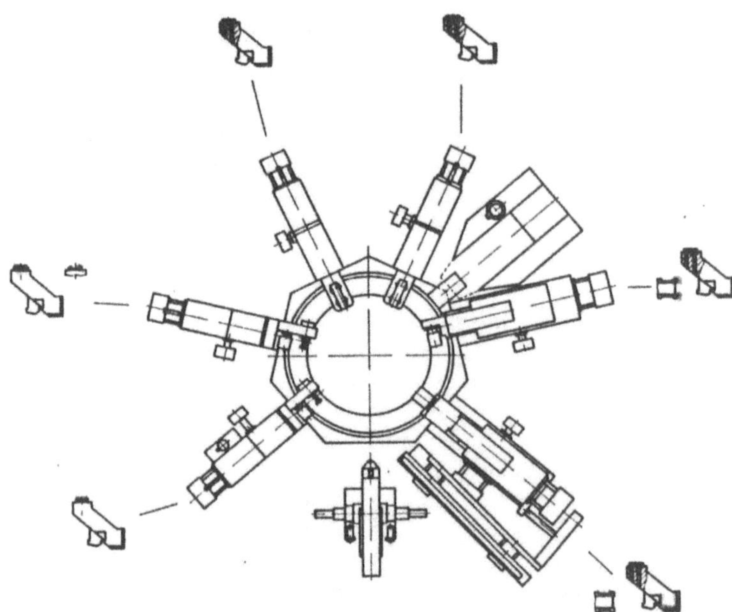

Abbildung 4-17 Automatisches Bearbeitungszentrum zur Komplettbearbeitung des Teiles „Führung", Beschickung durch Industrieroboter. Herstellung im VEB WEMA Saalfeld

5 Militärwaffenproduktion

5.1 Produktionsinfrastruktur

Der VEB GWB Wiesa unterteilte sich in vier Werkteile an zwei Standorten. Das Haupt-
werk (Werk 1) in dem ein Teil der mechanischen Bearbeitung, die Wärme- und Oberflächenbehandlung, die Endmontage, die Beschussprüfungen sowie die Endabnahme und
die Verpackung stattfand hatte seinen Standort in Wiesa, ca. 3 Kilometer nördlich der
Kreisstadt Annaberg-Buchholz. Außer der "speziellen Produktion" (Tarnbezeichnung für
militärische Produktion) war im Werk 1 auch der Werkzeugbau untergebracht. Getrennt
vom Werk 1, aber gleichfalls in Wiesa, befand sich das Werk 4 mit rein ziviler Produktion
(Lagerungen für Waschvollautomaten) und mit der Lehrwerkstatt. Die Standorte der
Werkteile 2 und 3 befanden sich etwa 7 Kilometer nördlich von Wiesa, in der Bergstadt
Geyer. Die Stadt Geyer zählte mit fast 7.000 Einwohnern bis 1990 als zweitgrößte Ort-
schaft im Kreis Annaberg.

Im Werk 2 Geyer erfolgte die mechanische Bearbeitung von Einzelteilen vor der Wärmebehandlung. Das Werk 3 war bis 1988 eine Produktionsstätte für rein zivile Produkte
(Gepäckträger für Zweiradfahrzeuge), vgl. Kapitel 9. Nach 1988 wurden im Zusammenhang mit dem Neubau einer Produktionshalle weitere Teile der mechanischen Bearbeitung in das Werk 3 verlagert. Insbesondere war das Werk 3 danach ein Standort für die
automatisierten Fertigungszentren. Der Transport der Teile von Geyer nach Wiesa erfolgte mit betriebseigenen Fahrzeugen ohne besondere Sicherungsmaßnahmen.

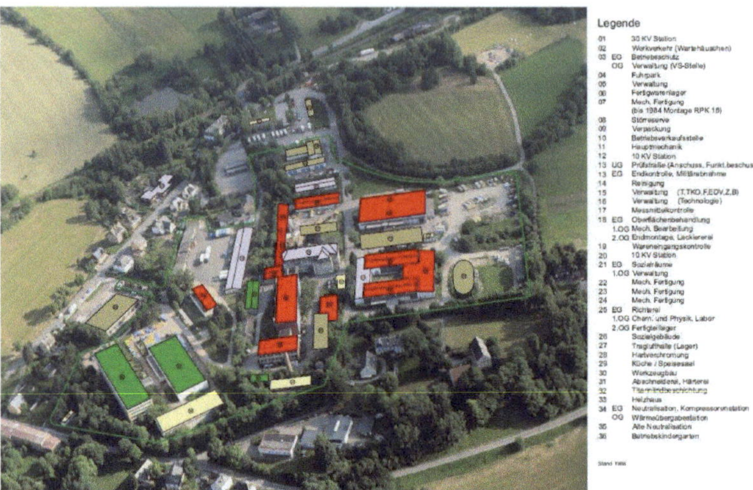

Abbildung 5-1 Übersicht der Produktionsgebäude Werk 1 in Wiesa

Abbildung 5-2 Produktionsgebäude in Geyer

5.2 Zulieferer Kooperationskette

Was man bei einer Waffenfertigung, die auch einer bestimmten Geheimhaltung unterlag, nicht vermutet, war der große Anteil von Zulieferungen. Mit über 40 Betrieben, verstreut über das gesamte Territorium der DDR, bestanden Kooperationsbeziehungen, von denen der "VEB Fahrzeug- und Jagdwaffenwerk Suhl" und der "VEB Döbelner Blech- und Metallwerke" die größten Zulieferer für Fertigteile und der "VEB Feingusswerke Lobenstein" für Rohteile waren. Mit dieser Fertigungsstruktur, die einen hohen Betreuungs- und Logistikaufwand erforderte, war der GWB Wiesa eine Ausnahme unter den Produzenten des Systems Kalaschnikow.

Gleichartige Betriebe wie z. B. das Kombinat "Friedrich Engels" in Kasanlak (Bulgarien), "Zaklady Metalowe" in Radom (Polen), "Fegyver és Gázkészülékgyár" in Budapest fertigten nahezu alle Einzelteile in eigener Regie.

VEB Geräte- und Werkzeugbau Wiesa
Kooperationspartner (Auswahl)

Kooperationspartner	Teilelieferung
VEB Fahrzeug und Jagdwaffenwerk Suhl	Lauf, Gaskolben, Mündungsbremse, Reinigungsstock und Verlängerung Gerät 940, Reinigungsgerät Gerät 910, 920, 940, Bajonett, Rohling Kammer und Schlossführung, Kompensator, Kompensationsfeuerdämpfer
VEB Fahrzeug und Jagdwaffenwerk Suhl Lieferung an VEB DBM Döbeln	Kolbenaufnahme, Sicherungsstück
VEB Döbelner Beschläge und Metallwaren	Gehäuse – vollständig Geräte 910, 920 940, Magazin – vollständig Geräte 910, 920, 940, Zusatzvisier, Ladestreifen, Übergangsstück
VEB Waschgerätewerk Schwarzenberg	Gehäusedeckel
VEB Feinmechanik Albrechts	Schlagbolzen Geräte 910, 920, 940, Steckbolzen Gerät 940

VEB Geräte- und Werkzeugbau Wiesa	
Kooperationspartner (Auswahl)	
Kooperationspartner	**Teilelieferung**
VEB Metallwaren Radeberg	Verbindungsschraube, Korn, Kornfuß, Bolzen für Schlagstück, Visierschieber, Visierdrücker, Auszieher, Sicherungsstift für Auszieher, Federbolzen für Mündungsbremse, Stift für Federbolzen, Sperrbolzen, Führungsrohr (910 – 940), Federwiderlager, Achse, Laufstift, Buchse, Scheibe
VEB Draht und Federnwerk Marienberg	Blattfeder, Zubringerfeder, Schlagfeder, Feder für unteren Handschutz, Feder für oberen Handschutz, Feder für Magazinsperre, Feder für Verzögerer, Feder für Sperrhebel, Feder für Drücker, Feder für Halterung Gerät 910, 920, 940
VEB Presswerk Ottendorf-Okrilla Werk Berggießhübel	Kolben, Einsatz, Griffstück, oberer Handschutz

VEB Geräte- und Werkzeugbau Wiesa	
Kooperationspartner (Auswahl)	
Kooperationspartner	**Teilelieferung**
VEB Feingusswerk Lobenstein	Führung, Abzug, Visierfuß, Kornhalter, Verbindungsstück, Anschlussstück, Sperrhebel, Aufnahme, Verzögerer, Kralle, kombiniertes Verbindungsstück, Unterbrecher, Raste
VEB Spindelfabrik Hartha	Lauf Gerät 910
VEB Plastverformung Rehfelde	Griffstück Gerät 940, Kolben, Kolbenkappe und Zwischenlage für Kolben Gerät 940, rechte und linke vordere Schale Gerät 940, Magazingehäuse, Magazinboden und Magazinbodenhalter, Zubringer
VEB Munitionswerk Spreewerk VEB Munitionswerk Königswartha	Patrone M 43 (Bodenstempel 04) Patrone M 74 (Bodenstempel 05)

Abbildung 5-3 Auswahl der Kooperationspartner des GWB [FRI-02]

5.3 Produktionsablauf

Die Herstellung der Waffen im GWB Wiesa war technologisch nach den Prinzipien einer industriellen Großserienproduktion organisiert. Die gesamte Fertigung war in einzelne Arbeitsoperationen aufgegliedert wobei für jede Operation eine exakte und detaillierte technologische Vorschrift bestand. Zur Sicherung der Qualität erfolgte über dem gesamten Produktionsprozess eine Prüfung aller konstruktiv vorgegebenen Maße und Merkmale, anfangs 100 prozentig, später nach standardisierten Stichprobenplänen. Der Produktionsablauf gliederte sich in folgende Abschnitte:

Mechanische Bearbeitung

- Hier wurden an Schmiederohlingen oder Feingussteilen alle Arbeitsoperationen ausgeführt die keine Nachbearbeitung nach der Wärmebehandlung erforderten

Wärmebehandlung

- Sämtliche metallischen Teile der Waffe, es handelte sich hierbei grundsätzlich um Vergütungsstähle, wurden einer Wärmebehandlung unterzogen.

- Bestandteil dieses Produktionsabschnittes waren auch das Sandstrahlen und die Prüfung auf Risse mittels Magnetpulververfahren (Fluxen).

Mechanische Restbearbeitung nach der Wärmebehandlung

- In diesem Abschnitt erfolgten Arbeitsoperationen wie Schleifen (z.B. Schaft der Schlossführung bzw. des Schlosses) Endbearbeitung der Bohrungen für die Aufziehteile (Visierfuß, Verbindungsstück, Kornhalter)

Oberflächenbehandlung

- Je nach Erzeugnis erfolgte hier die Endbearbeitung der Oberflächen der Einzelteile durch Brünieren oder Phosphatieren/Lackieren

- Im Verlaufe der Endmontage wurde hier eine Nachbehandlung der teilmontierten Waffe durch Brünieren vorgenommen (AK-47 und AKM)

- Beim Erzeugnis AK-74 erfolgte die definitive Oberflächenbehandlung erst nach dem Beschuss/Anschuss.

Baugruppenmontage

- Hier wurden als Vorstufe der Endmontage Einzelteile zu Baugruppen komplettiert wie z.B. das Schloss mit Auszieher und Schlagbolzen, die Schlossführung mit Gaskolben, die Visierklappe mit Drücker und Schieber usw.

Endmontage

- Die Endmontage gliederte sich in 2 Abschnitte. Im ersten Abschnitt erfolgte die Komplettierung des Gehäuses mit dem Lauf und den Aufziehteilen. Danach erfolgte eine Oberflächenbehandlung. Im zweiten Abschnitt erfolgte die Komplettierung der Waffe mit allen Teilen, die nicht unlösbar mit der Baugruppe des 1. Abschnittes verbunden sind.

Funktionsbeschuss und Anschuss

- Dieser Teil des Produktionsprozesses werden in Kapitel 5.4.2 und 5.4.4 ausführlich erklärt.

Endkontrolle, Militärabnahme und Verpackung

- Nachdem alle während des technologischen Durchlaufes vorgeschriebenen Prüfungen erfolgreich bestanden wurden, erfolgte vor der Übergabe der kompletten Erzeugnisse an die Militärabnahme eine Endkontrolle durch das Werk.
- Dem Militärabnehmer wurden die Waffen in einer Postengröße von 800 Stück vorgestellt, aus denen er eine nach TGL 14450 standardisierte Stichprobe entnahm und nach eigenen Richtlinien, den Militärischen Abnahmebedingungen (MAB), einer Prüfung unterzog.
- Bei festgestellten Mängeln in der Stichprobe wurde der gesamte Posten an das Werk zurückgewiesen.
- Auch für Erzeugnisse, die nicht für die bewaffneten Organe der DDR bestimmt waren erfolge die Abnahme durch die im GWB Wiesa stationierte Militärabnahme.
- Nach erfolgter Abnahme wurden zum Ende des Produktionsprozesses die Waffen fettfrei verpackt und für den Versand freigegeben.

Wie bereits an anderer Stelle erwähnt, waren an der Fertigung der Waffen eine Reihe von Kooperationsbetrieben beteiligt. Die dort hergestellten Teile und Baugruppen wurden nach den gleichen Prinzipien wie beim Finalproduzenten produziert und geprüft. Bei seinen Hauptkooperationspartnern FAJAS Suhl und DBM Döbeln unterhielt der GWB Wiesa eigene Abnahmezentralen, so dass bei evtl. Postenzurückweisungen keine langen Transportwege entstanden.

Wie aus dieser Darstellung zu ersehen ist war der gesamte Produktionsprozess in einer Linie verkettet. Bei auftretenden Störungen im Produktionsablauf, die bei der relativ anspruchsvollen Fertigung nicht ausblieben, waren die zwischen den einzelnen Arbeitsoperationen und Fertigungsabschnitten bestehenden Puffer schnell aufgebraucht.
In einem solchen Fall wurden an die verantwortlichen Mitarbeitet hohe Anforderungen gestellt um Lösungen herbeizuführen die eine kontinuierliche Fortsetzung der Produktion ermöglichten.

5.4 Prüfstraße
5.4.1 Funktionsbereiche

Alle im VEB Geräte- und Werkzeugbau Wiesa produzierten Schützenwaffen hatten sich einer Reihe von Funktions- Beschuss- und Belastungstests zu unterziehen. Diese Aufgabe oblag den Mitarbeitern der Endkontrolle. Diese prüften die Waffen mechanisch, optisch und funktionell. Abbildung 5-4 zeigt die einzelnen Funktionsbereiche der Prüfstraße.

VEB Geräte- und Werkzeugbau Wiesa Funktionsbereiche der Prüfstraße		
Beschuss	**Funktionstest**	**Anschuss**
Ziel: Prüfung des Ver-riegelungssystems auf Festigkeit	**Ziel:** Störungsfreie Funktion bei Einzel- und Dauerfeuer,	**Ziel:** Ermittlung der Streuung und des mittleren Treffpunktes
Tätigkeit: Beschuss mit 2 Patronen verstärkter Ladung	**Tätigkeit:** Abgabe von 3 Schuss Einzelfeuer und 2 Feuerstößen zu je 3 Schuss	**Tätigkeit:** Abgabe von 4 Schuss auf eine Ring-scheibe (100 m)
Erfüllt: Sofern keine Risse oder Brüche auftreten	**Erfüllt:** Wenn bei der Prüfung keine Funktionsstörungen auftreten	**Erfüllt:** Wenn der mittlere Treffpunkt im definierten Abstand z. Haltepunkt liegt
	Belastungsschießen	
Für den Belastungsbeschuss wurden pro Quartal 3 Waffen aus der laufenden Produktion entnommen. Davon wurde **eine** einem Belastungsbeschuss von 15.000 Schuss unterzogen. 10.000 Schuss waren obligatorisch und 5.000 Schuss waren fakultativ. Pro Arbeitstag wurden jeweils 5.000 Schuss abgegeben. Für die Auswertung gab es eine spezielle Prüfvorschrift.		

Abbildung 5-4 Funktionsbereiche der Prüfstraße

Die Prüfstraße befand sich in einem unterirdischen Anbau am Gebäude 110. Heute werden die umfunktionierten Anlagen von einem Annaberger Schützenverein genutzt. Der Transport der Waffen erfolgte von der im gegenüber liegenden Gebäude 112 im 2. OG befindlichen Endmontage über eine Transportbrücke in das Haus 110. Von dort verbrachte ein Lastenaufzug die Transportwagen mit jeweils 20 Sturmgewehren direkt in die unterirdisch gelegenen Funktionsräume der Prüfstraße.

Abbildung 5-5 Personaleingang zur Prüfstraße. Daneben, im Gebäude 130 befand sich die Reinigung nach dem Beschuss (links); Transportbrücke im 2. OG des Gebäude 112, zum Gebäude 110 (rechts)

5.4.2 Beschuss

Zur Gewährleistung der Sicherheit jeder in Wiesa gefertigten Waffe wurde diese am Arbeitsplatz Beschuss mit zwei Patronen mit verstärkter Ladung beschossen.

Abbildung 5-6 Beschussvorrichtung seitlich

Die Waffe wurde dabei zur Sicherheit in eine geschlossene Vorrichtung gespannt. vgl. Abbildung 5-7 Beschussvorrichtung von oben und 5-7. Die zu prüfende Waffe wurde automatisch durchgeladen. Durch Knopfdruck wurde die Waffe abgefeuert. Die Anlage war mit einem Panzerrohr verbunden in das die Projektile geleitet und danach in einem Wasserbecken aufgefangen wurden. Bei dem Panzerrohr handelte es sich um eine Originalkanone eines Panzers vom Typ T 55. Es ist nicht bekannt, dass Serienmodelle den Test <u>nicht</u> bestanden haben.

Abbildung 5-7 Beschussvorrichtung von oben

5.4.3 Funktionsprüfung

Bei diesem Arbeitsgang musste mit jeder Waffe die Funktionsprüfung von Einzel- und Dauerfeuer durchgeführt werden. Dazu gab der Schütze drei Schuss Einzelfeuer und zwei Feuerstöße zu je drei Schuss ab. Das Magazin wurde mit 9 Patronen geladen. Die zu testenden Waffen wurden aus der Endmontage in Transportwagen zu je 20 Stück der Prüfstraße zugeführt, vgl. Abbildung 5-8

Abbildung 5-8 Arbeitsplatz Funktionsprüfung

Abbildung 5-9 zeigt das Munitionslager der Prüfstraße.

Abbildung 5-9 Lager der Prüfstraße für 7,62 x 39mm Munition

5.4.4 Anschuss

Der Anschuss der Waffen erfolgte auf vier 100 Meterbahnen. Die Trefferergebnisse wurden mittels Kameratechnik angezeigt, vgl. Abbildung 5-12 und Abbildung 5-13 und in die Waffenzustandskarte eingetragen.

Abbildung 5-10 Einer von vier Arbeitsplätzen für den Anschuss von Schützenwaffen

Abbildung 5-10 zeigte ein Seriengerät AK-74, welches im März 1990 zum Anschuss vorbereitet wird. 19 weitere AKS-74 N stehen im Transportwagen bereit, vgl. Abbildung 5-10.

Abbildung 5-11 Arbeitsplatz Anschuss mit Waffentransportwagen

Nach vier Schuss auf die 100 Meter entfernte Ringscheibe, vgl.   Abbildung   5-12. wurde der mittlere Treffpunkt der Waffe ermittelt. Nach diesem Punkt wurde die Visiereinrichtung der Waffe korrigiert und ein nochmaliger Anschuss durchgeführt. Erst wenn der mittlere Treffpunkt innerhalb der vorgeschriebenen Toleranz lag wurde das Anschießen beendet. Stichprobenartig erfolgte eine Kontrolle der richtigen Korrektur. Die Schützen hatten täglich zu Beginn der Schicht durch einen Schießvergleich ihre Einsatzfähigkeit für den Anschuss nachzuweisen. Bei Nichterfüllung der Bedingungen des persönlichen Kontrollschießens war ein Einsatz in der Endkontrolle, die zum gleichen Verantwortungsbereich gehörte, möglich. In einem Raum über der Scheiben-Aufzugsanlage befanden sich 4 Videokameras. Die Trefferbilder wurden damit in die unmittelbare Nähe des Anschuss Arbeitsplatzes übertragen.

Abbildung 5-12 Prüfstraße: Scheibenanlage 100m (im Hintergrund die Geschossfanganlage)

Abbildung 5-13 Anzeige des Trefferbildes und Übertragung vom Monitor in die Waffenzustandskarte (Stand der Technik der 70er Jahre)

5.4.5 Kennzeichnung der Waffen

Nach erfolgreichem Beschuss wurden die Waffen entsprechend gekennzeichnet. Abbildung 5-14 zeigt den Arbeitsplatz zur Kennzeichnung der Waffen. Der GWB fungierte als Außenstelle des Beschussamtes Suhl und durfte somit den gesamten Beschluss und die Kennzeichnung vornehmen.

Abbildung 5-14 Arbeitsplatz zur Kennzeichnung der Waffen

5.4.6 Belastungsschießen

Für das Belastungsschießen wurden quartalsweise aus der laufenden Fertigung drei Seriengeräte entnommen und davon eine Waffe für den Test ausgewählt. Dabei wurden 15.000 Schuss Munition in Folge verschossen. Nach 10 Schuss Einzelfeuer folgten die Serien Dauerfeuer von etwa 150 bis 200 Schuss. Dann tauchte der Schütze die Waffe in kaltes Wasser und setzte unverzüglich den Beschuss der Waffe fort. Der Belastungsbeschuss dauerte insgesamt 3 Tage.

Am ersten Tag wurden 5000 Schuss verschossen, danach wurde die Waffe auf technisch und optisch einwandfreien Zustand überprüft.

Am zweiten Tag wurden weitere 5000 Schuss verschossen und danach die Waffe wie am ersten Tag geprüft sowie das Trefferbild geschossen. Im Ergebnis dieses zweitägigen Beschusses wurden definierte Prüfungen vorgenommen (z. B. Rissfreiheit, Federkräfte, Verschleiß der Chromschicht im Lauf usw.)

Am dritten Tag wurden weitere 5000 Schuss verschossen und die Prüfungen des zweiten Tages wiederholt. Die am dritten Tag durchgeführte Prüfung hatte fakultativen Charakter um eventuelle Schwachstellen vorbeugend zu erkennen.

Abbildung 5-15 zeigt ein Seriengerät AKS-74N, welches auf den Test vorbereitet wird. Rechts in Abbildung 5-15 ist die Auffangeinrichtung für die Patronenhülsen zu sehen.

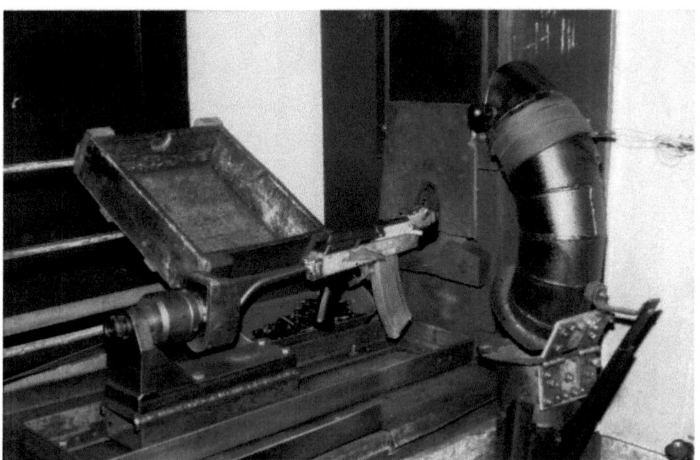

Abbildung 5-15 Die Vorrichtung zum Funktionsbeschuss wurde auch für den Belastungsbeschuss eingesetzt

5.4.7 Endkontrolle und Militärabnahme

Wie bereits erwähnt, war die Endkontrolle eine Arbeitsaufgabe der in der Prüfstraße eingesetzten Werksmitarbeiter. Diese durften aus arbeitsmedizinischen Gründen jeweils nur vier Stunden am Tag im Schießstand zubringen und wurden in der übrigen Zeit als Spezialisten für die Endkontrolle eingesetzt. Nach der Endkontrolle wurden wie durch die im GWB stationierte Militärabnahme die Waffen nach speziellen Vorschriften (Militärische Abnahmebedingungen-MAB) geprüft. Die MAB korrespondierten mit den Prüfvorschriften des Werkes. Nach der Freigabe durch die Militärabnahme wurden die Waffen verpackt und für den Versand freigegeben, vgl. Kapitel 5.3.

6 Waffenmodelle

6.1 Einführung

Im folgenden Kapitel werden alle im GWB hergestellten Schützenwaffen vorgestellt, welche zumindest für eine Serienproduktion vorgesehen waren. Begleitend zur technischen Beschreibung wird ein Überblick zu technischen Problemen, Lösungsansätzen sowie eigene Entwicklungsbeiträge des GWB gegeben.

Im Zuge der Entwicklung eines sog. Waffenbaukastens wurden die vielfältigen Armee-, Verkaufs- und Werksbezeichnungen für die einzelnen Waffenmodelle zur Wahrung der Übersichtlichkeit in einem "System 900" neu strukturiert. Das System AK-47 blieb dabei unberücksichtigt. Tabelle 6-1 gibt eine Kurzübersicht aller im GWB gefertigten Schützenwaffen.

Tabelle 6-1

Modell	Bezeichnung	Munition	Lauflänge	Alternative Bezeichnungen
	AK-47 mit Holzkolben	7,62 x 39	415 mm	31.031, Mpi K
	AK-47 mit nach unten klappbarer Schulterstütze (SU Lizenz)	7,62 x 39	415 mm	31.032, Mpi KmS
910	**AKM (m für modernisiert oder modifiziert)**			**STG AKM**
911	AKM mit Plastkolben (Polyamid)	7,62 x 39	415 mm	AKM, MPi KM
912	AKM mit Schulterstütze (seitlich abklappbar DDR Eigenentwicklung)	7,62 x 39	415 mm	AKMS, Mpi KMS, MPi KMS 72
913	AKM mit verkürztem Lauf und DDR Schulterstütze	7,62 x 39	317 mm	AKMS-K, 910 R
914	AKM als LMG mit Kolben und Zweibein	7,62 x 39	500 mm	GZ 500, GZS 500 (für Schulterstützenvariante)
915	AKM als Präzisionsgewehr mit Zielfernrohr	7,62 x 39	500 mm	PG500
916	AKM mit Zweibein	7,62 x 39	415 mm	AKMZ ,AKMSZ (für Schulterstützenvariante)
917	AKM als Jagdwaffe	7,62 x 39	500 mm	SPEGER
920	**AK-74**			**STG AK-74, STG K90**
921	AK-74	5,45 x 39	415 mm	Mpi AK-74, Mpi AK74 N (N für optionales Nachtsichtgerät)
922	AK-74 mit Schulterstütze (seitlich abklappbar DDR Eigenentwicklung)	5,45 x 39	415 mm	Mpi AKS-74, Mpi AKS-74N (N für optionales Nachtsichtgerät)
923	AK-74 mit verkürztem Lauf und DDR Schulterstütze	5,45 x 39	317 mm	AKS-74 NK
924	AK-74als LMG mit Kolben und Zweibein	5,45 x 39	500 mm	LMG K 500
925	AK-74 als Präzisionsgewehr mit Zielfernrohr	5,45 x 39	500 mm	

Modell	Bezeichnung	Munition	Lauflänge	Alternative Bezeichnungen
940	**WIEGER** (Akronym aus Wiesa und Germany für Export))			
941	WIEGER mit Plastkolben (Polyamid - glasfaserverstärkt)	5,56 x 45	420 mm	
942	WIEGER mit Schulterstütze (seitlich abklappbar DDR Eigenentwicklung)	5,56 x 45	420 mm	
943	WIEGER mit verkürztem Lauf und Schulterstütze	5,56 x 45	320 mm	
944	WIEGER als LMG mit Kolben und Zweibein	5,56 x 45	500 mm	
945	WIEGER als Präzisionsgewehr mit Zielfernrohr	5,56 x 45	500 mm	
950	**AK-74 im Design WIEGER** (Akronym aus Wiesa und Gerätewerk für Inlandsbedarf)			
951	AK 74 im Design WIEGER mit Kolben	5,45 x 39	415 mm	
952	AK 74 im Design WIEGER mit Schulterstütze	5,45 x 39	415 mm	
953	AK 74 im Design WIEGER mit verkürztem Lauf	5,45 x 39	317 mm	
954	AK 74 im Design WIEGER als LMG mit Zweibein	5,45 x 39	500 mm	
955	AK 74 im Design WIEGER als Präzisionsgewehr	5,45 x 39	500 mm	
970	**AKM/AK-74 im Design WIEGER**			STG WIEGER 970
971	AKM/AK74 im Design WIEGER mit Kolben	7,62 x 39	415 mm	
972	AKM/AK74 im Design WIEGER mit Schulterstütze	7,62 x 39	415 mm	
973	AKM/AK74 im Design WIEGER mit verkürztem Lauf	7,62 x 39	317 mm	
974	AKM/AK74 im Design WIEGER als LMG mit Zweibein	7,62 x 39	500 mm	
975	AKM/AK74 im Design WIEGER als Präzisionsgewehr	7,62 x 39	500 mm	

6.2 AK-47 (1959-1966)

1958 wurden im GWB Wiesa die ersten Militärwaffen gefertigt. Die ersten 10 Prototypen wurden auf konventionellen Werkzeugmaschinen mit handelsüblichen Werkzeugen und handelsüblichen Messmitteln auf der Grundlage der vorliegenden Zeichnungen gefertigt. Die Herstellung der Holzteile erfolgte weitestgehend von Hand. Blechprägeteile, wie z.B. der Gehäusedeckel wurden mangels entsprechender Werkzeuge noch aus mehreren Teilen zusammengeschweißt. Es zeugt von der hohen Qualifikation der damaligen Facharbeiter, dass unter solchen Umständen funktionsfähige Waffen entstanden.

Abbildung 6-1 zeigt die zweite im GWB händisch hergestellte AK-47. Qualitativ auf dem ersten Blick mit einem Serienmodell nicht unterscheidbar. Da beim Umgang mit Waffen im GWB damals noch keine Erfahrungen vorhanden waren wurde bei der Prüfung dieser Handmuster aus Sicherheitsgründen die erste Waffe eingespannt und über eine Fernauslösung abgefeuert.

Abbildung 6-1 Zweites in GWB hergestelltes Handmuster (MHM Dresden)

Obwohl im Anfangsjahr bereits eine illusorische Produktionsmenge von 30.000 Kalaschnikows gefordert wurde, konnte im Jahr 1959 zunächst nur die 0-Serie (80 Waffen) hergestellt werden. Die Gründe für die Anlaufschwierigkeiten waren intern, wurden aber auch durch die damals schon bestehende Kooperationskette von den Zulieferbetrieben verursacht. So musste die Fertigung der 0-Serie in der Endmontage mehrfach unterbrochen werden, weil Zulieferteile fehlten. Die in verschiedenen Publikationen genannte Zahl von 8339 im Jahr 1958 gefertigter kompletter Waffen in Wiesa können nicht nachvollzogen und bestätigt werden. Eine derartige Stückzahl wäre auch überhaupt nicht möglich gewesen da damals für ein derartiges Vorhaben nur unzureichend Fachkräfte vorhanden waren und der Maschinenpark und die Betriebsinfrastruktur erst aufgebaut werden musste.

Dass zu Beginn der Serienproduktion Qualitätsmängel auftraten war fast unumgänglich, wenn man bedenkt, dass z.B. das Gehäuse aus einem 2650 g schweren Schmiederohling in 129 teils schweren Schnitten zu einem relativ filigranen Teil mit einem Gewicht von nur noch 645 g hergestellt wurde. Solche Teile waren bei der Wärmebehandlung verzugs- und rissgefährdet was den Ausschuss nicht unerheblich beeinflusste. Derartige Mängel konnten erst durch Sammlung von Erfahrungen beseitigt werden. Erfahrungen sind jedoch kein Bestandteil einer Lizenzdokumentation. Bei schwerwiegenden Problemen wurden deshalb sowjetische Spezialisten angefordert. So weilten allein im Zeitraum vom Juni 1982 bis April 1986, zur Vorbereitung des Erzeugnisses 920 (AK 74), zehn Spezialisten des Lizenzgebers in Wiesa bzw. seinen Kooperationspartnern um Erfahrungen bei schwierigen technologischen Prozessen zu vermitteln.

Die konsequente Anwendung der bereits zu Beginn der Militärwaffenproduktion bestehenden Abnahme- und Qualitätsvorschriften garantierten jedoch, dass die an die Bedarfsträger übergebenen Waffen keine qualitativen Mängel aufwiesen. Es galt immer das Bestreben, die Produkte mit deutscher Qualität zu fertigen und deshalb stellte man sich Schritt für Schritt den technologischen Anforderungen.

Abbildung 6-2 Aus Schmiederohling gefertigtes Gehäuse einer AK-47

In Vorbereitung der Kalaschnikow Produktion in Wiesa mussten die Vorgaben der Lizenzdokumentation an die in der DDR geltenden Normen (GOST zu TGL) aber auch an die in der DDR vorhandenen Rohstoffe und technischen Möglichkeiten angepasst werden. Daraus ergaben sich zwangsläufig Abweichungen zur Lizenzdokumentation. Eine willkürliche Verletzung der konstruktiven- und technologischen Dokumentation, wie in verschiedenen Publikationen behauptet, erfolgte jedoch nicht. Als Beispiel kann das Holzproblem dienen.

Abbildung 6-3 AK-47 mit nach unten klappbarer Schulterstütze (WTS Koblenz, Nummer: 62 X 1169)

Nach der originalen sowjetischen Dokumentation mussten alle Holzteile aus Birkenschichtholz hergestellt werden. Die DDR konnte damals jedoch nur über größere Mengen an Buche verfügen. Es wurden deshalb Kolben, Griffstück sowie oberer und unterer Handschutz aus Buchenholz hergestellt. Es war allen Beteiligten klar, dass diese Lösung nicht die geforderte Robustheit in Truppeneinsatz bieten konnte und Reparaturen sehr aufwendig waren. Um das "Holzproblem" etwas zu entschärfen begann die Serienfertigung mit der nach unten klappbaren Schulterstütze gemäß sowjetischer Lizenz. Erst ab Ende 1960 und dann 1961 wurde die AK-47 auch mit einen Holzkolben ausgeliefert.

Abbildung 6-4 AK-47 mit Holzkolben und Durchbruch für Trageriemen (WAMU Suhl, Seriennummer: Lehr 8H43)

AK-47	
Alternative Bezeichnung	Gerät K 31.031(mit Kolben), K31.032 (mit Schulterstütze)
Untervarianten	-KmS (mit Schulterstütze nach unten abklappbar) -K (nur Kolben)
Produktionszeit	1959-1966
Kaliber in mm	7,62
Länge (mit Stütze) / mm	870
Lauflänge / mm	415
Masse geladen / Kg	4,3
Patrone	M43
Besondere Merkmale	- Gehäuse gefräst, Außenflächen geschliffen - am Führungsrohr vor dem oberen Handschutz seitlich je 4 Bohrungen - Vordere Riemenöse unter dem Verbindungsstück

6.3 AKM (1965-1990)

Insbesondere hinsichtlich einer kostengünstigen Fertigung wurde in der Sowjetunion die klassische AK-47 zur modernisierten Kalaschnikow AKM (russisch: Avtomat Kalaschnikowa modernisirowanyi) weiterentwickelt. Die DDR hatte die Lizenz der modernisierten Kalaschnikow übernommen und begann im Oktober 1992 mit der Übersetzung der sowjetischen Originaldokumentation. Die AKM erforderte eine Reihe technologischer Änderungen, die sich im Aussehen der Waffe aber nur wenig niederschlugen. Die wesentlichsten sichtbaren Änderungen gegenüber der AK47 waren die Gestaltung des Gehäuses als Blech/Massivteil-Verbundkonstruktion und die Einführung eines "Verzögerers" zur Verminderung der Kadenz. Die Federführung wurde in Form von 2 Drahtbügeln umgestaltet und die Materialstärke des Gehäusedeckel wurde von 1,0mm auf 0,7 mm reduziert. Mit der Blechprägetechnik entfielen endlich beim Gehäuse die aufwändigen Fräsvorgänge aus einem Schmiederohling und die komplizierte Wärmebehandlung. Auf der anderen Seite liegt auf der Hand, dass durch das Blechprägeverfahren auch die gesamte Waffe ein geringeres Gewicht aufweist. vgl. Abbildung 6-5. Eine weitere Änderung gab es beim unteren Handschutz, dieser besitzt bei der AKM auf beiden Seiten eine

Wulst für eine bessere Greifbarkeit. Äußerliche Merkmale der AKM sind auch eine auf 1000 m skalierte Visierklappe mit hartverchromt ausgelegten Ziffern, Sicken am Gehäusedeckel, die Einführung eines "Kompensators" und das Entfallen der 8 Gasaustrittsbohrungen am Führungsrohr. An dieser Stelle muss bemerkt werden, dass es im Verlauf der einzelnen Produktionszeiträume auch Änderungen der Lizenzdokumentation gab, die je nach Erfordernis in die DDR Fertigung übernommen wurden. Dadurch hat sich zum Teil auch das äußere Erscheinungsbild der Waffe verändert.

Abbildung 6-5 Gegenüberstellung der Gehäusedeckel der AK-47 (oben) und AKM (unten)

Kolben, Griffstück sowie oberer und unterer Handschutz der ersten ausgelieferten AKMs wurden zu Beginn aus Buche gefertigt. Der Kolben bestand dabei aus Schichtholz und die weiteren Teile aus Vollholz. Im Laufe der Produktion wurden dann der obere Handschutz, das Griffstück sowie der Kolben, in dieser Reihenfolge, durch Plasteteile ersetzt. Da an der Kalaschnikow die entsprechenden Teile mehr oder weniger einer thermischen Belastung ausgesetzt waren, konnte der Ersatz von Holz zu komplett Plaste nur schrittweise durchgeführt werden. Durch entsprechende Entwicklungsarbeiten der chemischen Industrie der DDR konnten ab 1965 der obere Handschutz sowie das Griffstück durch Plaste ersetzt werden. Ab 1966 folgte dann auch der Kolben. Der Übergang zu Plaste bot neben der Ressourcenproblematik den Vorteil, dass einerseits diese Teile maßhaltiger gefertigt werden konnten und auf der anderen Seite wiesen diese Komponenten bessere resistive Eigenschaften gegenüber Öl, Wasser sowie anderen Stoffe auf. Der untere Handschutz war durch den geringen Abstand zum Lauf den größten thermischen Belastungen ausgesetzt und konnte erst 1980, durch Fortschritte der Chemieindustrie, die Holzvariante ersetzen.

Auch im GWB verlief die Einführung der Plasteteile nicht problemlos. So traten z.B. bei der Durchführung der vorgeschriebenen Falltests (Aus 2,0 m Höhe auf Beton) Risse und Brüche beim Kolben auf. Erst nach der Erkenntnis, dass Polyamid stark hygroskopisch ist und der Wassergehalt die Elastizität erheblich beeinflusst, wurden nach Einführung eines Arbeitsganges "Konditionieren (thermische Wasserbehandlung)" die Riss- und Bruchprobleme beseitigt. Anfangs erfolgte die Einfärbung der Plasteteile braun um farblich eine Annäherung an die substituierten Holzteile zu erreichen. Am Ende wurden die Teile schwarz eingefärbt um die UV-Stabilität zu erhöhen. Die Waffen erhielten dadurch insgesamt ein eleganteres Aussehen.

Die AKM wurde auch mit einem neuen Seitengewehr vom Modell 59 bzw. 59/2 ausgerüstet. In Folge musste die Riemenöse für den Trageriemen verlegt werden. Das Seitengewehr wurde wie bei der AK-47 ebenfalls in der DDR als Lizenz im VEB Jagd- und Schneidewaren in Mühlhausen/Thüringen gefertigt. Die nach unten klappbare Schulterstütze, welche bereits beim AK-47 / KmS Verwendung fand wurde bezüglich der Handhabung weniger positiv bewertet. Es wurde deshalb eine andere Schulterstützenvariante entwickelt (Siehe 6.3.2) Der untere Handschutz konnte erst 1980 durch einen glasfaserverstärkten gepressten Duroplasthandschutz ersetzt werden. Abbildung 6-6 zeigt eine AKM aus dem Produktionsjahr 1986 komplett ohne Holzteile.

6.3.1 911 STG AKM

Die Standardausführung der modernisierten Kalaschnikow besitzt den typischen Plastikkolben und eine Lauflänge von 415mm, vgl. Abbildung 6-6

Abbildung 6-6 AKM mit Plastikkolben (WTS Koblenz, Seriennummer: 86 31 5236)

AKM	
Alternative Bezeichnung	911 (im 900er Baukasten)
Produktionszeit	1965-1990
Kaliber in mm	7,62
Länge (mit Stütze) / mm	895
Lauflänge / mm	415
Masse ohne Magazin / Kg	3
Patrone	M43
Besondere Merkmale	- Gehäuse als Verbundkonstruktion (Blech/Massivteile) - Über d. Magazinschacht eine ovale Vertiefung - Längs- und Quersicken am Gehäusedeckel - Riemenöse an der Halterung des unteren Handschutzes

6.3.2 912 KMS-72

Eine Eigenentwicklung des GWB war die nach rechts abklappbare Schulterstütze. Das Besondere dieser Konstruktion war, das sie problemlos gegen den Kolben ausgetauscht werden konnte. .Diese Konzeption wurde weiterverfolgt. Neben konstruktiven Maßnahmen zur Stabilisierung der Stütze bei Dauerfeuer wurde die gerade Stange mit Versteifungsblechen und Kolbenkappe durch eine geschmiedete und gebogene Stange (Ø 10 mm) ersetzt. Die von Beginn an vorhandene Austauschbarkeit gegen den Kolben wurde beibehalten. Der hintere, auf Kolbenkappenbreite geschmiedete Teil der Schulterstütze besitzt eine Riffelung. Im eingeklappten Zustand liegt die Stütze mit einen Gummipuffer am Gehäuse an.

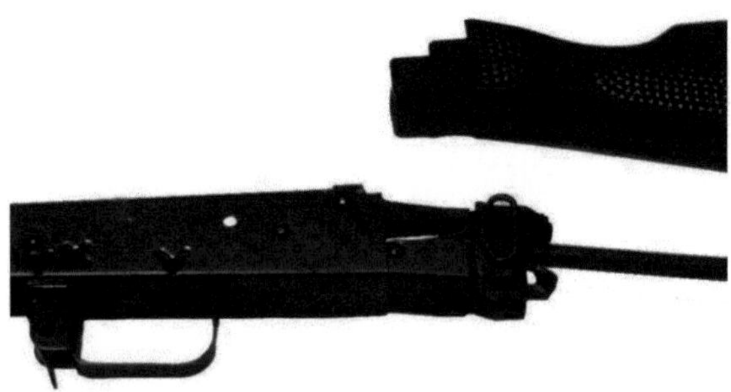

Abbildung 6-7 Aufnahme eines Kolbens (oben) oder eine Schulterstütze - aus dem Gehäuse herausgezogen (unten) einer AKM

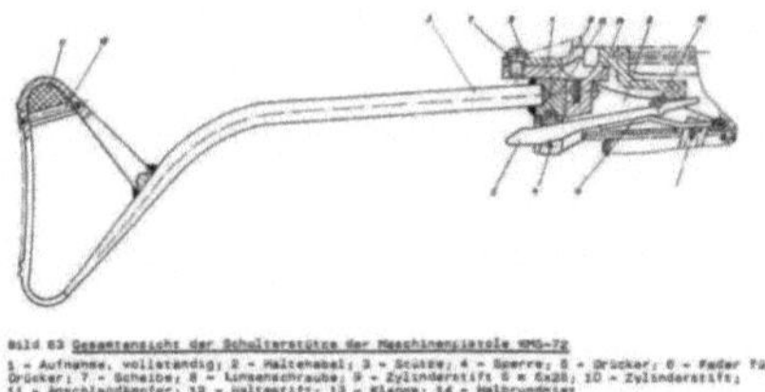

Abbildung 6-8 Zusammenstellungszeichnung Schulterstütze

Die finale Schulterstütze wurde ab 1972 an die NVA sowie an Exportkunden ausgeliefert. Dadurch wurde diese Variation der AKM in der NVA als KMS-72 bezeichnet. In dieser Bezeichnung ist dann wieder der Begriff Kalaschnikow Modernisiert sowie das S für Schulterstütze enthalten. Wie bei anderen Waffenmodellen wird dann noch das Einführungsjahr im Namen mit festgehalten. KMS 72 ist keine Werksbezeichnung.

Abbildung 6-9 KMS-72 mit seitlicher Schulterstütze (Bereitschaftspolizei Thüringen, Seriennummer: 76ET5149)

KMS-72	
Alternative Bezeichnung	STG AKMS, 912 (im 900er Baukasten)
Produktionszeit	1970 - 1990
Kaliber in mm	7,62
Länge (mit Stütze) / mm Länge verkürzt (mit Stütze) / mm	895 805
Lauflänge / mm	415
Masse ohne Magazin / Kg	3,3
Patrone	M43
Besondere Merkmale	- wie AKM jedoch mit seitlich klappbarer Schul- terstütze

6.3.3   913 AKMS-K

Im April 1984 gab es ein Treffen der Spezialisten für Handfeuerwaffen des GWB und des ZFT Dresden zur Abstimmung der Modellpalette des Sturmgewehres AKM [FIC-91]. Im Resultat der Besprechungen sollte Wiesa ein verkürztes Sturmgewehres STG AKMS-K, ein leichtes Maschinengewehr mit Zweibein LMG K 500 sowie das Präzisionsgewehr PG500 entwickeln. Ein Selbstladejagdgewehr sollte hingen im ZFT Dresden entwickelt werden. Diese Vorstellungen wurden in der Folge als "Waffenbaukasten" bezeichnet und sollten für alle Modelle und Kaliber Anwendung finden. Der Grundgedanke war, mit einer Vielzahl gleicher Bauteile eine breite Palette von Kundenwünschen abzudecken. Nicht alle Varianten wurden produziert. Bei einem entsprechenden Bedarf wäre die Fertigung jedoch kurzfristig realisierbar gewesen. Bei den bewaffneten Organen wurde die AKMSK nicht geführt. Sie gehörte auch nicht zur Bewaffnung von Spezialeinheiten in der DDR, da zu diesem Zeitpunkt die Umrüstung auf die Waffenmodelle der AK – 74 bereits begonnen hatte.

Die in der Abbildung 6-11 gezeigte Waffe ist mit einem Mündungsknalldämpfer ausgerüstet. Dabei handelt es sich aber keinesfalls um eine Besonderheit der AKMSK, denn dieser im GWB entwickelte Mündungsknalldämpfer wurde als Zubehör für alle AKM Modelle des Baukastens 910, außer PG 500 angeboten, vgl. Abbildung 6-11.

Abbildung 6-10 AKMS-K mit verkürztem Lauf

Abbildung 6-11 AKMS-K mit Schalldämpfer (MHM Dresden, Seriennummer: 89610200)

AKMS-K	
Alternative Bezeichnung	913 (im 900er Baukasten) bzw. 910 R (R steht für reduziert)
Produktionszeit	1985 -1990
Kaliber in mm	7,62
Länge (mit Stütze) / mm	805
Lauflänge / mm	317
Masse ohne Magazin / Kg	3,2, 3,71 (mit Schalldämpfer)
Patrone	M43
Besondere Merkmale	- wie AKM mit verkürztem Lauf und Schulterstütze

6.3.4   914 LMG K500 / S (Kaliber 7,62 x 39 mm)

Bei diesem Modell sei zu Beginn anzumerken, dass es noch die gleiche Modellbezeich-
nung im Kaliber 5,45 x 39 mm gibt, vgl. Kapitel 6.4.5. Das LMG K500 wurde als leichte
Unterstützungswaffe entwickelt und war als Komplettierung des Baukastens für das Modell AKM gedacht. Eine Einführung in die Bewaffnung der NVA war nicht vorgesehen.
Für evtl. Exportkunden hätte es jedoch zur Verfügung gestanden. vgl. Abbildung 6-12.
Das LMG gab es mit Kolben sowie mit der bewährten Schulterstütze des KMS-72. Bei
dieser Baureihe erfolgte keine Serienfertigung.

Abbildung 6-12 LMG K500 im Kaliber 7,62 x 39 mm (MHM Dresden, 84 MZ 0 100)

LMG K 500 / LMG K500 S Kaliber 7,62x39mm	
Alternative Bezeichnung	914 mit Kolben (im 900er Baukasten), 914/1 mit Schulterstütze (im 900er Baukasten)
Produktionszeit	1988-1990 jedoch keine Serienfertigung
Kaliber in mm	7,62 x 39
Länge / mm	990
Lauflänge / mm	500
Masse geladen / Kg	3,7 (K 500), 4,0 (K500 S)
Patrone	M 43
Besondere Merkmale	-Wie AKM bzw. KMS-72 -Mit Zweibein und Lauflänge 500 mm

6.3.5 915 PG 500

Die Entwicklung des Präzisionsgewehres PG500 wurde in Wiesa durchgeführt. Die Basis für das PG500 waren vorhandene Läufe mit einer Länge von 500mm. Eine wesentliche Modifikation zur AKM war der Lochkolben mit höhenverstellbarer Schaftbacke. Der Lochkolben ersetzte das Griffstück der AKM. Die Kolbenlänge ist mittels Zwischenstücke anpassbar. Es wurde für die Aufnahme von Zielfernrohren die Nachtsichtgeräteaufnahme der AKM genutzt. Für das Zielfernrohr jedoch ein spezieller Adapter vorgesehen, vgl. Abbildung 6-13. Der Abzugsmechanismus wurde so modifiziert, dass nur Einzelfeuer möglich ist. Es gab verschiedene Ausführungsformen. Eine Variante war für Sportschützen gedacht. Eine zweite Variante ist in Abbildung 6-13 dargestellt und sollte für die Nutzung als Präzisionsgewehr oder im militärischen Bereich eingesetzt werden. Hierbei wurden der obere und unterer Handschutz der AKM genutzt. Ein Problem hinsichtlich des Einsatzes des PG500 war die Verfügbarkeit von Zielfernrohren in der DDR mit einer Entfernungseinstellung. Es musste deshalb auf jagdliche Zielfernrohre zurückgegriffen werden. Weiterhin stellte die Munition im Kaliber 7,62 x 39mm ein Problem für den Einsatz als Scharfschützenwaffe dar. Die Kombination mit dem 500mm Lauf reduziert die Reichweite erheblich [FIC-91].

Abbildung 6-13 PG500 Spezial Präzisionsgewehr (MHM Dresden, Seriennummer: 8546005)

PG 500	
Alternative Bezeichnung	915 (im 900er Baukasten)
Produktionszeit	1988-1990 jedoch keine Serienfertigung
Kaliber in mm	7,62 x 39
Länge / mm	990
Lauflänge / mm	500
Masse ohne Magazin / Kg	4,1
Patrone	M43
Besondere Merkmale	-Kolben, Griffstück und Handschutz (oben & unten) wie AKM -Einzel- und Dauerfeuer -30 Patronen wie Standart AKM Magazin
PG 500 Spezial	
Alternative Bezeichnung	915 (im 900er Baukasten)
Produktionszeit	1988-1990 jedoch keine Serienfertigung
Kaliber in mm	7,62 x 39
Länge / mm	980 – 1010 (variabel)
Lauflänge / mm	500
Masse ohne Magazin / Kg	3,6 (ohne Zielfernrohr)
Patrone	M43
Besondere Merkmale	-Kolben durch Adapterstücke verlängerbar -Einzelfeuer, Feuerstöße -10 Patronen

6.3.6   916 AKMZ / AKMSZ

Bei den Modellen AKMZ / AKMSZ handelt es sich um einen automatischen Karabiner in der Standardlauflänge von 415mm. Im Prinzip sind das die Modelle AKM / KMS-72 mit einen zusätzlich angebrachten Zweibein, vgl. Abbildung 6-14. Diese Variante wurde jedoch nie in Serie produziert.

Abbildung 6-14 Sturmgewehre AKMZ / AKMSZ

AKMZ / AKMSZ	
Alternative Bezeichnung	916 (mit Kolben im 900er Baukasten); 916/1 (mit Schulterstütze im 900er Baukasten
Produktionszeit	Nur Musterfertigung
Kaliber in mm	7,62 x 39
Länge (mit Stütze) / mm	895
Lauflänge / mm	415
Masse ohne Magazin / Kg	3,6 (AKMZ), 3,9 (AKMSZ) jeweils ohne Zielfernrohr
Patrone	M43
Besondere Merkmale	-Wie AKM bzw. KMS-72 jedoch mit Zweibein

6.3.7 917 Speger

Die Bezeichnung Speger steht für Spezialgerätewerk und ist als Vorgänger des Marken-
namens WIEGER zu verstehen. Die Entwicklungsaufgabe für ein Selbstladejagdgewehr
wurde dem ZFT Dresden übergeben. Das Prinzipielle Ziel war weitestgehend mit der
vorhandenen Produktionstechnik der AKM durch spezifische Modifikationen den nationalen und internationalen zivilen Markt im jagdlichen Bereich zu erschließen. Das

Hauptziel war dabei wieder die Erwirtschaftung von Devisen. Die ursprüngliche Bezeichnung war Jagdkarabiner 986. Da das Aussehen zwischen einem edlen Jagdgewehr und einer Militärwaffe sehr differiert, war ein Hauptaugenmerk der Entwicklungsarbeiten insbesondere die Schäftung und Optik. Ursprünglich wurde ein Normalschaft mit Schaftbacke favoritisiert. In der Serienfertigung wurde dann eine Monte-Carlo-Variante eingesetzt, was ein höheres Aufliegen der Backe zum Zielfernrohr ermöglicht [FIC-91]. Wie bei den meisten Jagdgewehren üblich sollte die Montage eines Zielfernrohres ermöglicht werden. Hierbei wurde die Variante wie bei der Aufnahme von Nachtsichtgeräten der AKM wieder verwendet vgl. Abbildung 6-15. Als Zielfernrohre wurden die Modelle ZF 4x32M und ZF 6x42M des VEB Carl Zeiß Jena eingesetzt. Zusätzlich wurde noch ein Fluchtvisier konstruktiv umgesetzt. Dieses besteht aus einer auf dem Gehäusedeckel starr integrierten U-Kimme und dem Korn am Lauf.

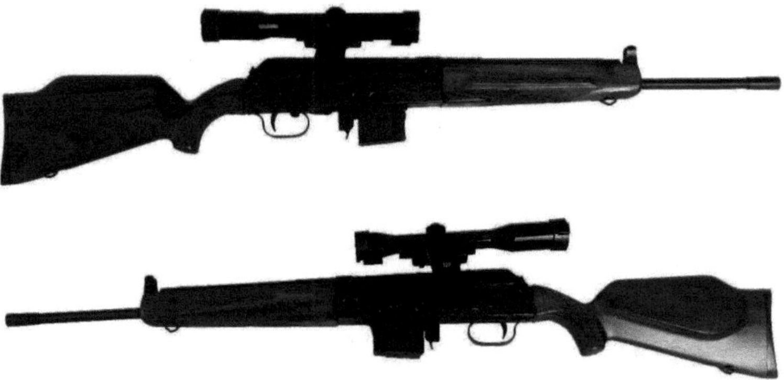

Abbildung 6-15 Selbstladejagdgewehr Speger (MHM Dresden, Seriennummer: 85 41 0107)

Das Magazin der Speger sollte 5 Patronen umfassen. Ursprünglich wurde dafür ein AKM Magazin gekürzt. Ein Problem stand jedoch mit der dafür in der DDR selbst entwickelten Jagdpatrone M 43 SPS bzw. O.30 SPS. Die Patrone berührte bei der Zuführung die Patronenlagerwandung und wurde dabei beschädigt [FIC-91]. Das Problem hierbei ist der Einstiegswinkel der AKM Munition. Eine Forderung hinsichtlich der Schützensicherheit besteht darin, dass die Spitze einer nachfolgenden Patrone nicht das Zündhütchen einer eventuell noch im Patronenlager befindlichen Patrone berührt und somit eine Zündung beim geöffneten Verschluss auslöst. Um die korrekte Zuführung der Patrone O.30 SPS zu gewährleisten mussten die Magazinlippen und der Zubringer angepasst werden. Die restlichen Magazinkomponenten blieben gleich. Es können somit auch AKM Magazine eingeführt werden. Berechnungen zeigten, dass für das Speger ein Lauf mit einer Länge von 550mm in Verbindung mit der Patrone O.30 SPS notwendig gewesen wäre. Wie jedoch bereits erwähnt wurde konnten damals technologisch nur Läufe mit einer Länge von 500mm gefertigt werden. Der Lauf wurde noch mit einen Mündungsaufsatz bestückt. Es wurden von der Speger 5 Erprobungsmuster gefertigt, welche im Oktober 1984 getestet wurden. Im Januar 1985 wurde dann die Konstruktion nochmals überarbeitet. Anschließend wurde eine Kleinserie von 100 Stück in Wiesa gefertigt und auf der Frühjahresmesse in Leipzig ausgestellt. Die jagdliche Erprobung zeigte, dass das Wild beim ersten Schuss immer zusammengebrochen ist. Gemäß der Schusswaffenverordnung der DDR wurde die Speger mit dem Warenzeichen des Kombinates Spezialtechnik durch ein S und 3 Dreiecke sowie der Kaliberangabe 7,62 x 39mm gekennzeichnet. [FIC-91].

Speger	
Alternative Bezeichnung	917 (im 900er Baukasten), SG 500
Produktionszeit	1985 ca. 120 Stück
Kaliber in mm	7,62 x 39
Länge / mm	960 – 990 (variabel)
Lauflänge / mm	500
Masse ohne Magazin / Kg	3,5 (ohne Zielfernrohr)
Patrone	M43, O.30 SPS
Besondere Merkmale	-Einzelfeuer -5 Patronen -Bei Variante mit Kolbenadapter verlängerbar

6.4   AK-74 (1985 - 1990)

6.4.1 Übersicht und Hintergründe der Einführung der AK-74

Nach dem die USA 1969 das Sturmgewehr Colt M 16 A1 mit Kaliber 5,56 x 45 mm als Standardwaffe in allen Teilstreitkräften einführt und in der Folge diese Waffe im

Vietnamkrieg in großer Stückzahl zum Einsatz kam entschloss sich die UdSSR Anfang der siebziger Jahre zur Entwicklung der AK–74 im Kaliber 5,45 x 39 mm, sowie des LMG RPK-74. Die Einführung dieses modernen Sturmgewehres erfolgte in den Streitkräften der UdSSR ab 1974, so auch in den Truppenteilen der in der DDR stationierten Gruppe der Sowjetischen Streitkräfte in Deutschland (GSSD). Im Verteidigungsfall wären 8 Divisionen der NVA in Form von zwei Armeen der der 1. Front der Vereinten Streitkräfte der Warschauer Vertragsorganisation (WVO) unterstellt worden. Die Front umfasst sieben Armeen, fünf sowjetische und zwei der NVA. Die operative Gesamtplanung oblag dem Generalstab der UdSSR. Dieser legte u. a. einheitliche Ausrüstung aller sieben Armeen mit der AK-74 fest. Im Ergebnis dieser Festlegung traf die Kommission der Verteidigungsindustrie des RGW 1981 die Entscheidung, dass es zur Modernisierung der Streitkräfte des Warschauer Vertrages die AK-74 einzuführen ist, vgl. Abbildung 6-16.

In einem Regierungsabkommen zwischen den Regierungen der UdSSR und der DDR vom 15. Mai 1981 wurde der Lizenzerwerb zur Fertigung der AK-74 in der DDR vereinbart. Am 18. August 1981 erfolgte der Abschluss des Vertrages unter der Lizenz Nummer: 80/5 – 12022, DDR: VVS DR I / 284 – 46 – 468/81.

Mit der Grundsatzentscheidung der Regierung der DDR zur Aufnahme der Lizenzproduktion des Waffensystems AK-74, RPK-74 und der dazugehörigen Munition M 74 mit Kaliber 5,45 mm wurde der

VEB Kombinat Spezialtechnik Dresden

durch das Ministerium für Allgemeinen Maschinen-, Landmaschinen- und Fahrzeugbau beauftragt, die in der UdSSR, entsprechend dem internationalen Entwicklungstrend, entwickelte Schützenwaffe

»AK-74«

für die Ausrüstung der bewaffneten Organe der DDR mit Serienbeginn 1985 zur Verfügung zu stellen.

Abbildung 6-16 Einführung der AK-74 für die bewaffneten Organe der DDR

Die Laufzeit dieses Lizenzvertrages war an die maximal erlaubte Produktionsmenge von 1.500.000 AK-74 gekoppelt. Bei Erreichen dieser Stückzahl wäre der Vertrag

automatisch erloschen. Durch die DDR wurde auch die Lizenz des LMG RPK-74 erwor-
ben, denn zur Ausrüstung einer motorisierten Schützengruppe gehörten 2 LMG RPK 74.
Eine Lizenzfertigung des LMG RPK-74 wurde eingehend geprüft, aber auf Grund hoher
Kosten verworfen. Da die technischen Ausrüstungen in der DDR nur die Herstellung von
Läufen in einer maximalen Länge von 500 mm zuließen, hätte allein die Fertigung des
längeren Laufes Kosten in Millionenhöhe verursacht. Aus diesem Grund kam es zu einem
Kompromiss - der Entwicklung eines LMG 500 im Kaliber 5,45 mm, welches die Importe
des LMG- RPK 74 aus der UdSSR ersetzen sollte, vgl. Kapitel 6.4.5. Der Erwerb der
Lizenzunterlagen für das Erzeugnis AK 74 mit dem Ziel Devisen zu erwirtschaften ist
eher unwahrscheinlich, da der Lizenzvertrag keinen Export in das NSW erlaubte. Trotzdem existierte beim Außenhandel ein Verkaufsprospekt in dem die AK-74 als "Modell K
90" bezeichnet wurde. Das war natürlich nicht korrekt, sollte aber offensichtlich in den
90iger Jahren Interesse auf den internationalen Waffenmärkten wecken. Dazu kam es jedoch nicht. Werksintern wurden die Modelle des Kalibers 5,45 mm in die Bezeichnungen
des Baukastens 900 eingeordnet.

Die Einführungszeit der Baukastenreihe 920 beanspruchte 50 Monate, von 1981 bis zur
Serienreife 1985. An Investitionskosten wurden insgesamt 81,3 Mio. DDR-Mark benö-
tigt, wobei der Anteil für Forschung und Entwicklung 15,6 Mio. DDR-Mark betrug. Weitere 45 Mio. DDR-Mark kosteten die Umrüstungen bei der Zulieferindustrie. Als außer-
ordentlich schwierig stellte sich die Werkstoffbereitstellung für die Herstellung der klein-
kalibrigen Läufe dar. Es musste erst ein spezieller Stahl entwickelt werden. Auch die
Innenverchromung der Läufe war eine enorme technische Herausforderung. Beim Finalproduzenten GWB war es insbesondere die von der Lizenzdokumentation geforderte
Oberflächenbehandlung als Phosphat/Lacküberzug, da auch hier die entsprechenden Materialien erst entwickelt und die technischen Voraussetzungen für die Verarbeitung geschaffen werden mussten, siehe Abbildung 6-18. Dagegen konnte auf frühere Erfahrungen z.B. bei der Herstellung von Feingussteilen zurückgegriffen werden.

Wissenschaftlich-technische Leistungen der Erzeugnisentwicklung AK-74

Stahl 50 Cr B 2 (Substitution Stahl 50 RA)	für die Geräteteile: – Lauf – Mündungsbremse – Buchse zum Platzpatronenschießen Entwicklungsergebnis patentiert
Feinguß	• Anwendung bei 12 Geräteteilen, 2 Teile in Vorbereitung • Verbesserung des Materialausnutzungskoeffizienten um durchschnittl. 40 % • Bedeutende Senkung des Zerspanungsaufwandes
Plasteinsatz	– für Magazingehäuse Preßmaterial AG-4-S GOST 20437-75 – für Bajonettgriff und Scheide Substitution AG-4-V durch Polyamid (glasfaserverst.) VE 30 – für unteren Handschutz Substitution Holz durch Preßmaterial C4-90-1f-K09 TGL 28 870
Lack U60 DE (Substitution Kleber BF 4 nach GOST 12172-74)	– Oberflächenbeschichtung von Einzelteilen, Baugruppen des Erzeugnisses Lack U60 DE erfüllt alle techn. Forderungen und führt zu Verbesserg. der Verarbeitungsbedingungen.

Abbildung 6-17 Wissenschaftlich-Technische Leistungen der AK-74 Einführung (GWB Originaldokument)

Am Beispiel der Lackentwicklung sollen die Entwicklungsschritte für eines der zu lösenden Probleme dargestellt werden, siehe Abbildung 6-18.

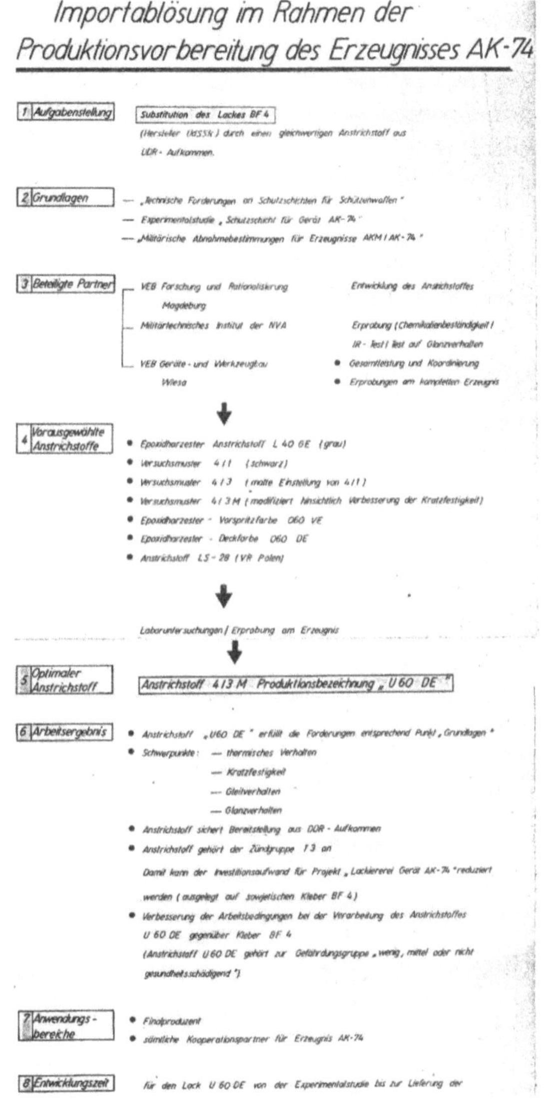

Abbildung 6-18 Entwicklungsablauf zur Importablösung des Lackes BF4 (GWB Originaldokument)

6.4.2 921 AK-74

Die Standardausführung der AK74 ist vergleichbar mit der AKM in Kolbenausführung. Im Gegensatz zu den Entwicklungsstufen der AKM besaßen die im GWB gefertigten AK-74 sowie deren Derivate von Beginn an keinerlei Holzkomponenten mehr. Kolben, Griffstück und oberer Handschutz bestanden aus Thermoplast, der erst 1980 eingesetzte untere Handschutz aufgrund der höheren thermischen Belastung aus Duroplast. Das Grundsystem, im Wesentlichen das Gehäuse mit Abzugs- und Verschlussmechanismus, ist eine funktionale Kopie der AKM. Der Kolben sowie das Griffstück sind direkt kompatibel.

Die Modifikationen der AK-74 beziehen sich auf alle Funktionsteile, die direkt mit dem kleineren Kaliber von 5,45 mm x 39 mm in Verbindung stehen. Durch das kleinere Kaliber ergab sich eine andere Krümmung und Abmessung des Magazins, das aus glasfaserverstärkten Phenolharz gefertigt wurde. Völlig neu waren der Lauf und das Bauteil Kompensator/Mündungsfeuerdämpfer. Die Verschlussteile wurden konstruktiv angepasst, während die auf dem Lauf aufgezogenen Teile prinzipiell gleichblieben. Eine äußerlich nicht sichtbare Veränderung war die Gestaltung des Gaskanals.

Abbildung 6-19 AK-74N mit Plastikkolben und Aufnahme für Zielfernrohr (WTS Koblenz, Seriennummer: 85 03 0092)

AK-74	
Alternative Bezeichnung	STG K 90 (siehe einleitende Bemerkungen)
Produktionszeit	1985-1990
Kaliber in mm	5,45
Länge (mit Stütze) / mm	940
Lauflänge / mm	415
Masse ohne Magazin / Kg	3,26
Patrone	M74
Besondere Merkmale	-Zusatz (N) steht für Halteschiene Nachtsichtgerät bzw. Zielfernrohr links

6.4.3   922 AKS-74

In Analogie zur AKM und KMS-72 besteht die Modifikation bei der AKS-74 nur darin, dass anstatt des Kolbens aus Thermoplast die seitliche Schulterstütze der KMS-72 montiert ist. Auf die Austauschbarkeit der Schulterstütze gegen den Kolben und umgekehrt wurde bereits in vorhergehenden Abschnitten eingegangen.

AKS-74	
Alternative Bezeichnung	STG K90S (siehe einleitende Bemerkungen)
Produktionszeit	1985-1990
Kaliber in mm	5,45
Länge (mit Stütze) / mm	940
Lauflänge / mm	415
Masse ohne Magazin / Kg	3,5
Patrone	M74
Besondere Merkmale	-Wie AK-74N jedoch mit Schulterstütze -Zusatz (N) steht für Halteschiene Nachtsichtgerät bzw. Zielfernrohr links

6.4.4   923 AKS-74K

Die Einzige Änderung die beim AKS-74K zum AKS-74 durchgeführt wurde ist eine Verkürzung des Laufes in Analogie zur AKMS-K und ein modifizierter Mündungsfeuerdämpfer. Während beim sowjetischen Pendant neben dem Lauf auch der untere und obere Handschutz verkürzt wurden, erfolgte aus innerbetrieblichen Standardisierungsgründen eine Übernahme des oberen und unteren Handschutzes von der AK-74. Es ergab sich dadurch eine von der Lizenzdokumentation abweichende Lauflänge von 805mm. Der Lauf hatte eine Länge von 317mm. Die Masse der Waffe geladen war 3,43Kg.

Abbildung 6-20 AKS-74NK kurze Ausführung mit Schulterstütze (WTS Koblenz, Seriennummer: 88045721)

6.4.5   924 LMG-K500

Wie bereits erwähnt, konnte die erworbene Lizenzdokumentation für das RPK-74 wegen der technischen Möglichkeiten zur Lauffertigung nicht umgesetzt werden.
Deshalb wurde gemeinsam mit den militärischen Bedarfsträgern der Kompromiss eingegangen, ein LMG mit einer Lauflänge von 500 mm zu entwickeln. Daraus wurde auch die Bezeichnung abgeleitet. Das LMG K500 wurde zwischen 1988 – 1889 erprobt und

die Serienproduktion hätte im August 1990 starten sollen. Aufgrund der politischen Situation blieb es nur bei der Nullserie.

Abbildung 6-21 LMG K500 mit Zweibein (WTS Koblenz, Seriennummer: 89 90 1010)

LMG K-500	
Produktionszeit	1988 - nur 0-Serie
Kaliber in mm	5,45
Länge (mit Stütze) / mm	1025
Lauflänge / mm	500
Masse geladen / Kg	5,5
Patrone	M74
Besondere Merkmale	Ausführung mit Kolben (LMG K 500) und Schulterstütze (LMG K 500 S)

6.4.6   925 Präzisionsgewehr mit Zielfernrohr

Im Rahmen der AK-74 Produktfamilie wurde auch ein Präzisionsgewehr mit Zielfernrohr angedacht. Gefertigt wurde dieses jedoch nicht mehr. Im Prinzip sollte das Modell 924 LMG K500 mit Zielfernrohr ohne Zweibein ausgestattet werden.

6.5   Sturmgewehrfamilie WIEGER 940

Auf die Entwicklungsgeschichte sowie die Besonderheiten der Sturmgewehrfamilie WIEGER 940 im Kaliber 5,56 x 45mm wird im Kapitel 7 genauer eingegangen. Folgend sollen die Modelle vorgestellt werden, welche zum WIEGER-Baukasten gehören und zum Teil in Serie gegangen sind bzw. wo nur erste Prototypen realisiert wurden.

6.5.1   WIEGER 941

Die Standardausführung der WIEGER 941 ist die Bestückung mit einem Kolben sowie den weiteren Teilen in Plaste, vgl. Abbildung 6-22. Im Wesentlichen lehnt sich die WIEGER 941 an die Konfiguration an die AKM bzw. AK-74 an. Wie später im Kapitel 7 erläutert wird wurde das Design der Sturmgewehrfamilie WIEGER komplett überarbeitet, was auch später Einzug in den Baureihen 950 und 970 halten sollte.

Abbildung 6-22 WIEGER 941 mit verlängerbaren Plastikkolben (WTS Koblenz, Seriennummer: 88745430)

WIEGER 941	
Produktionszeit	1988 - 1990
Kaliber in mm	5,56 x 45
Länge / mm	910 – 928 (variabel)
Lauflänge / mm	420
Masse ohne Magazin / Kg	3,2
Patrone	M 193, SS 109
Besondere Merkmale	Kolben durch Zwischenstücke verlängerbar

6.5.2 WIEGER 942

Der einzige Unterschied zur WIEGER 941 ist die Bestückung mit der vom GWB entwickelten Schulterstütze, die bei allen Waffenmodellen ab 1970/71 Verwendung fand.
 Die Konfiguration der WIEGER 942 ist somit analog zur AKMS bzw. AKS-74. Abbildung 6-23 zeigt die WIEGER 942 mit dem neusten Kampfmesser der DDR, dem Kampfmesser 87.

Abbildung 6-23 WIEGER 942 mit seitlicher Schulterstütze und Kampfmesser 87 (WTS Koblenz, Seriennummer: 89454932)

WIEGER 942	
Produktionszeit	1988 -1990
Kaliber in mm	5,56 x 45
Länge (mit Stütze) / mm	915
Lauflänge / mm	420
Masse ohne Magazin / Kg	3,5
Patrone	M 193, SS 109
Besondere Merkmale	Mit Schulterstütze der KMS-72

6.5.3 WIEGER 943

Die WIEGER 943 lehnt sich an die AKMS-K bzw. AKS-74K an und besitzt im Gegensatz zum Modell 942 einen verkürzten Lauf, vgl. Abbildung 6-24. Die WIEGER 943 wurde nur in kleinen Stückzahlen insbesondere zur Bemusterung bei Kunden gefertigt. Trotz der bereits mehrfach erwähnten Austauschbarkeit Schulterstütze gegen Kolben wurde dieses Modell nur mit Schulterstütze konzipiert.

Abbildung 6-24 WIEGER 943 kurze Ausführung mit Schulterstütze (MHM Dresden, Seriennummer: 89 95 0002)

WIEGER 943	
Produktionszeit	1989
Kaliber in mm	5,56 x 45
Länge (mit Stütze) / mm	805
Lauflänge / mm	320
Masse ohne Magazin / Kg	3,3
Patrone	M 193, SS 109
Besondere Merkmale	-Mit Schulterstütze der KMS-72 -Verkürzter Lauf

6.5.4 WIEGER LMG 944

Analog zu den Modellen der AK-74 Derivate des LMG K 500 sollte innerhalb der Sturmgewehrfamilie WIEGER auch ein leichtes Maschinengewehr mit 500mm Lauf angeboten werden, vgl. Abbildung 6-25. Das LMG 944 wurde nur als Messeprototyp gefertigt.

Abbildung 6-25 Leichte Unterstützungswaffe WIEGER LMG 944 (Datenblatt)

WIEGER 944	
Produktionszeit	1989
Kaliber in mm	5,56 x 45
Länge (mit Stütze) / mm	918 – 936 (variabel)
Lauflänge / mm	500
Masse ohne Magazin / Kg	3,9
Patrone	M 193, SS 109
Besondere Merkmale	-Kolben durch Zwischenstücke verlängerbar -Eigenes Zweibein im Gegensatz zum LMG K 500

6.5.5 WIEGER PG 945

Ähnlich wie das PG500 sollte in der Sturmgewehrfamilie WIEGER auch ein Präzisionsgewehr zur Verfügung stehen, vgl. Abbildung 6-27. Der Unterschied zum LMG 944 ist
neben dem Wegfall des Zweibeins die Ausstattung mit einem Zielfernrohr vom Typ ZF
4 x 32 des VEB Carl Zeiß Jena, vgl. Abbildung 6-26. Das Modell PG 945 wurde nur als
Messeprototyp gefertigt.

Abbildung 6-26 Zielfernrohr ZF 4 x 32 VEB Carl Zeiß Jena

Abbildung 6-27 WIEGER PG 945 (Datenblatt)

WIEGER 944	
Produktionszeit	1989
Kaliber in mm	5,56 x 45
Länge (mit Stütze) / mm	918 – 936 (variabel)
Lauflänge / mm	500
Masse ohne Magazin / Kg	-
Patrone	M 193, SS 109
Besondere Merkmale	-Kolben durch Zwischenstücke verlän-gerbar -Mit Zielfernrohr ZF 4 x 32 VEB Carl Zeiß Jena und eigener breiter Halterung

6.6 Baureihe 950 im Kaliber 5,45 x 39mm

Die Baureihe 950 ist eine Kopie der Baureihe 920 (AK-74) im Design der Baureihe 940 (WIEGER). Mit dieser Baureihe sollte ein neuer Inlandsbedarf geweckt werden. Mitte 1989 wurden dem Minister für Nationale Verteidigung der DDR die im WIEGER Design überarbeiteten Modelle vorgestellt. Die aufgewerteten Waffen wurden für gut befunden und sollten für einen möglichen Einsatz in der NVA geprüft werden. Auf jeden Fall hätte die AK-74 sowie deren Modellvarianten im WIEGER Design eine Steigerung des Gebrauchswertes zur originalen AK-74 auch für die NVA bedeutet. Faktoren wären z. B. das transparente, aus Polycarbonat bestehende Magazin und der längenverstellbare Kolben gewesen. Bei der Baureihe 950 gab es Forschungsmuster für die Varianten 951, 952, 954 und 955

6.6.1 951 / 952

Wie einleitend erwähnt, sind die Modelle 951 und 952 kopierte AK-74 und AKS-74 mit den Komponenten der 940 WIEGER, vgl. Abbildung 6-28.

Abbildung 6-28 952 mit Schulterstütze (MHM Dresden, Seriennummer 89 70 1002)

952	
Alternative Bezeichnung	AK-74 / AKS-74 im WIEGER Design
Produktionszeit	Forschungsmuster 1989
Kaliber in mm	5,45 x 39
Länge / mm	905
Lauflänge / mm	415
Masse ohne Magazin / Kg	3,36
Patrone	M74
Besondere Merkmale	AK-74 / AKS-74 mit WIEGER Beschlagteilen

6.6.2 953

Das Modell 953 ist das AKS-74K im Design der WIEGER, vgl. Abbildung 6-29.

Abbildung 6-29 953 (MHM Dresden, Seriennummer: 89 75 0001)

953	
Alternative Bezeichnung	AKS-74K im WIEGER Design
Produktionszeit	Forschungsmuster 1989
Kaliber in mm	5,45 x 39
Länge / mm	810
Lauflänge / mm	317
Masse ohne Magazin / Kg	3,21
Patrone	M74
Besondere Merkmale	- AKS-74K mit den Beschlagteilen der WIEGER

6.6.3 954 LMG

Das Modell 954 ist das LMG K 500 im Kaliber 5,45 mm im Design der WIEGER, vgl. Abbildung 6-30.

Abbildung 6-30 954 LMG (MHM Dresden, Seriennummer: 89 90 1001)

954	
Produktionszeit	Forschungsmuster 1989
Kaliber in mm	5,45
Länge / mm	1010
Lauflänge / mm	500
Masse ohne Magazin / Kg	4,36
Patrone	M74
Besondere Merkmale	- mit Zweibein

6.6.4 955 PG

Das Model 955 ist das PG500 im Kaliber 5,45 mm im Design der WIEGER, vgl. Abbildung 6-31.

Abbildung 6-31 955 PG, Exemplar ist ohne Zielfernrohr (MHM Dresden, Seriennummer: 89 90 1004)

954	
Produktionszeit	Forschungsmuster 1989
Kaliber in mm	5,45
Länge / mm	1010
Lauflänge / mm	500
Masse ohne Magazin / Kg	3,35 (ohne Zielfernrohr)
Patrone	M74
Besondere Merkmale	- mit Zielfernrohr

6.7 KK-MP Modell 69 (1970-1975)

Zu Beginn muss festgestellt werden, dass die KK-MP Modell 69 nicht in Wiesa entwickelt oder gefertigt wurde, da das in verschiedensten Berichterstattungen falsch angegeben wurde. Dennoch gehört das Modell in die Rubrik der Militärwaffenfertigung der DDR, da dieses Modell an die AKM hinsichtlich des Designs und Handhabung angelehnt wurde, vgl. Abbildung 6-32. Konkret sollte für die Militärische Ausbildung eine kostengünstige Übungswaffe geschaffen werden, welche die wirtschaftlichere Kleinkaliber Munition nutzt. Die KK-MP Modell 69 wurden in Suhl von einem Kollektiv der Zentralen Waffenwerkstatt der GST entwickelt. Gefertigt wurden die Waffen ebenfalls im FAJAS Suhl [FRI-02].

Abbildung 6-32 KK-MP Modell 69 (Schnittmodell Waffenmuseum Suhl)

Die KK-Version der AKM basiert auf dem Prinzip eines einfachen Rückstoßladers mit Masse-Verschluss Das Magazin ist äußerlich nicht von dem einer AKM zu unterscheiden. Wenn man das Magazin entfernt, dann ist ersichtlich, dass darin eine Aufnahme von 15 KK-Patronen eingelassen ist, vgl. Abbildung 6-33.

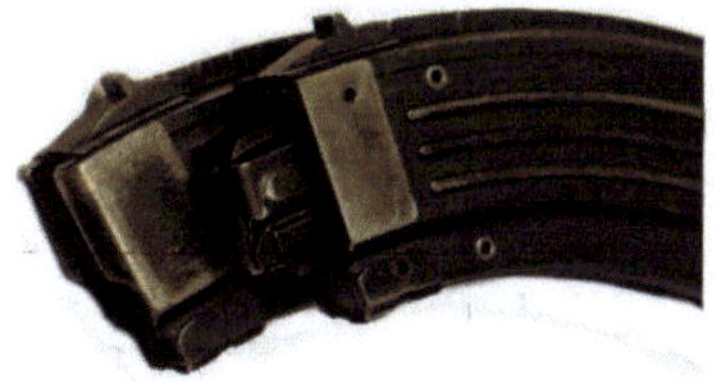

Abbildung 6-33 Vergleich des Magazins einer KK-MP Modell 69 (oben) zu einer AKM (unten)

KK-MP Modell 69	
Produktionszeit	1970-1975
Kaliber in mm	5,6
Länge (mit Stütze) / mm	870
Masse geladen / Kg	3,76
Patrone	M70

6.8 Baureihe 970 im Kaliber 7,62 x 39mm

Bis zur Entwicklung der Sturmgewehrfamilie WIEGER hatten die klassischen AKM und AK-74 Modellvarianten im Wesentlichen immer das Aussehen der sowjetischen Originale. Mit der WIEGER wurden das optische Design aufgewertet, Der Gebrauchswert gesteigert und die Fertigungskosten optimiert. Das Ziel dabei war primär die Exportsteigerung. Grundlage war ein Politbürobeschluss vom 6.9.1983, welcher den Vorrang der Exportproduktion zur Inlandsproduktion einräumt. Diese Gelegenheit wurde durch den GWB genutzt um die klassischen Waffenmodelle zu überarbeiten. Die Baureihe 970 ist in die Fortführung der AKM Familie. Die Besonderheit daran ist, dass die Modelle mit den neuen Komponenten der Sturmgewehrfamilie WIEGER bestückt wurden. Äußerlich kann man von außen fast keinen Unterschied zur WIEGER 940 feststellen. Lediglich an der Laufmündung kann man einen anderen Innendurchmesser feststellen und das Magazin hat die Krümmung der AKM.

Für den Export hätte diese Waffe die klassische AKM ablösen können. Für den GWB hätte diese Umstellung erhebliches Rationalisierungspotential gegeben, da die gesamte Fertigung sowie wesentliche Teile weiter vereinheitlicht werden konnten. Im geplanten Waffenbaukasten 900 wurden auch die Modelle 974 als leichte Unterstützungswaffe sowie das 975 als Präzisionsgewehr vorgesehen. Im Gegensatz zur Modellreihe 950 gab es keine Prototypen oder Forschungsmuster. Bei einem Bedarf hätte die Fertigung jedoch kurzfristig aufgenommen werden können

6.8.1 971 / 972

Die Modelle 971 und 972 sind die AKM und AKMS mit den Komponenten der WIEGER, vgl. Abbildung 6-35. Von den Modellreihen 950 und 970 wurde jedoch lediglich das Modell 972 in einer Kleinserie von 120 Stück gefertigt, welche für die Truppenerprobung in der NVA vorgesehen waren, vgl. Abbildung 6-34.

Abbildung 6-34 120 STG 972 in der Prüfstraße am 9.3.1990

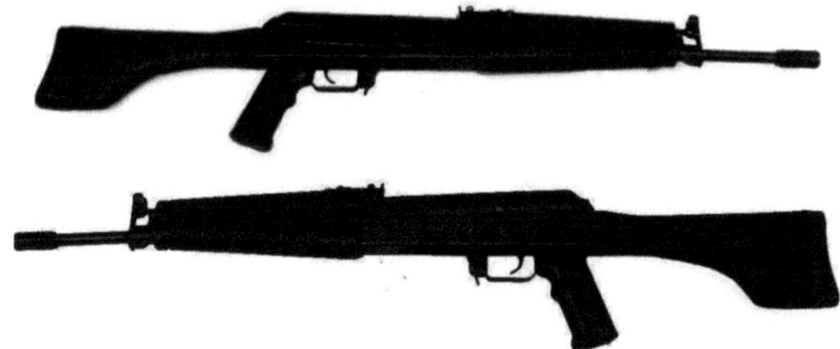

Abbildung 6-35 971 AKM im WIEGER Design (MHM Dresden, Seriennummer: 89 60 0101)

971	
Alternative Bezeichnung	AKM im WIEGER Design
Produktionszeit	1989 120 Stück Kleinserie
Kaliber in mm	7,62 x 39
Länge / mm	925
Lauflänge / mm	415
Masse ohne Magazin / Kg	3,14
Patrone	M43
Besondere Merkmale	-AKM / KMS-72 mit den Gehäuseteilen der WIEGER

6.8.2 973

Das Modell 973 ist das AKMS-K im Design der WIEGER, vgl. Abbildung 6-36.

Abbildung 6-36 973 (MHM Dresden, Seriennummer: 89 60 0200)

973	
Alternative Bezeichnung	AKMS-K im WIEGER Design
Produktionszeit	Forschungsmuster 1989
Kaliber in mm	7,62 x 39
Länge / mm	810
Lauflänge / mm	317
Masse ohne Magazin / Kg	3,11
Patrone	M43
Besondere Merkmale	-AKMS-K mit den Gehäuseteilen der WIEGER

6.9 Optimierungen der Produktion

Die in den vorherigen Kapiteln beschriebenen technischen Entwicklungen und Rationalisierungslösungen brachten über die Jahre entsprechende Optimierungen. Somit konnte die Fertigungszeit der AKM von 15,4 h in 1966 auf 5,2 h in 1986 reduziert werden. Ebenfalls wurden die Arbeitsgänge im gleichen Zeitraum fast halbiert, vgl. Abbildung 6-37.

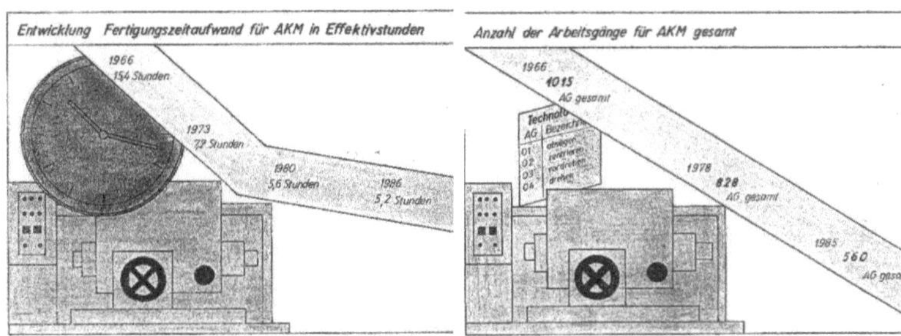

Abbildung 6-37 Optimierung der AKM Fertigung [HÄN-91]

Die hohe Produktionssteigerung konnte insbesondere in den 80er Jahren durch die Produktionsautomatisierung, vgl. Kapitel 4, und die schrittweise Einführung von Feingussteilen erreicht werden.

Feinguß nach dem Wachsausschmelzverfahren —
eine entscheidende Voraussetzung für die
Rationalisierung der Waffenproduktion

Ursprüngliche Zielstellung: Vorbereitung eines Geräteteiles
pro Jahr

Erreichtes Ergebnis: Produktionswirksame Einführung
von 16 Geräteteilen im Zeitraum
1981–1985

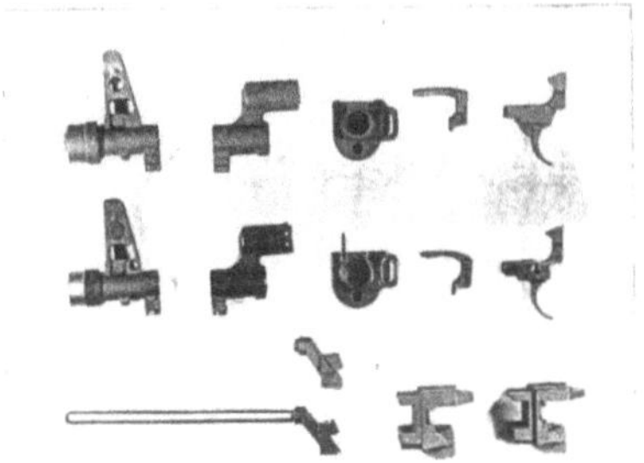

Abbildung 6-38 zeigt die geplanten Arbeitszeiteinsparungen einzelner Teile

Arbeitszeiteinsparung Automatisierungsvorhaben VEB GWB-FHK-Konzeption

Geräteteil	geplante AZE nach Grundsatzentscheidung		Ergebnis 30. 6. 86		
	Erzeugnis 910 (min/Stck)	920 (min/Stck)	910 (min/Stck)	920 (min/Stck)	
Aufnahme	6.051	6.051	1.306	1.306	●
Verbindungsstück	4.140	6.960	10.143	5.629	●
Kornhalter	0.240	10.320	-	-	●
Schloßführung	1.680	3.180	- 3.814	12.172	●
Visierfuß	1.200	4.980	3.552	10.418	●
Unterbrecher	0.900	-	- 0.094	0.048	●
Abzug	1.560	3.660	0.096	1.569	●
Verzögerer	7.620	3.300	6.639	0.286	●
Führung/Führung vollst.	5.400	7.620	7.141	3.589	●
Sperrhebel	0.420	2.580	- 0.139	1.218	●
	29.211	48.651	24.830	36.235	

● Vorhaben sind noch nicht bzw. noch nicht vollständig produktions-
wirksam abgeschlossen - Abschluß gemäß GE ist 10/86 - Erfolgs-
jahr 1987

Nach Abschluß des Automatisierungsvorhabens werden folgende
Arbeitszeiteinsparungen zur Basis 1983 wirksam:

910	920
37,042 [min / Stck]	49,850 [min / Stck]

Abbildung 6-39 Arbeitszeiteinsparung durch Automatisierungsvorhaben am GWB

6.10 Übersicht der Einführungszeiten und -Kosten

Wie in den vorherigen Kapiteln beschrieben mussten zur Einführung einer neuen Schüt-
zenwaffengeneration erhebliche Investitionen getätigt werden.

Tabelle 6-2

Schützenwaffengeneration	Investitionskosten / Mark	Einführungszeit / Monate
AK-47	4,8 Millionen	33
AKM	7,8 Millionen	17
AK-74	81,3 Millionen	50

6.11 Produzierte Stückzahlen der AK-74

Bezüglich der AK-74 sind in Abbildung 6-40 die produzierten Stückzahlen zwischen 1985 und 1989 dargestellt.

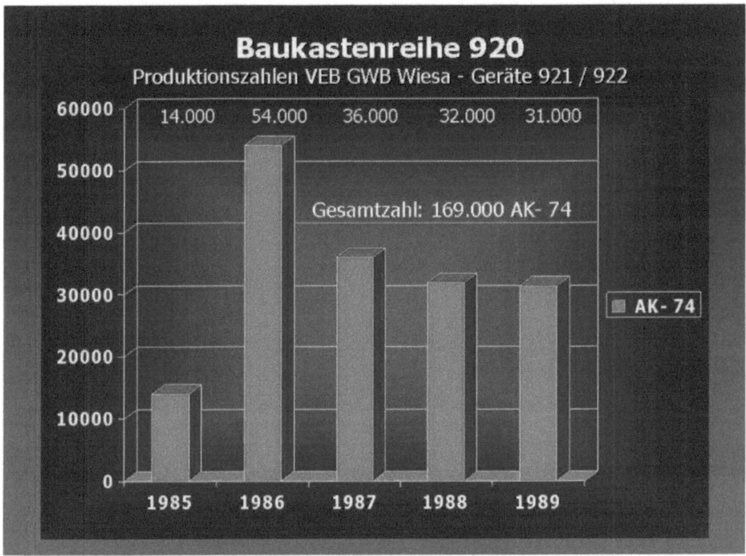

Abbildung 6-40 Produzierte Stückzahlen der AK-74 im Zeitraum 1985 - 1989

6.12   Der Waffenbaukasten 900

Der Waffenbaukasten mit der Basisbezeichnung 900 ist 1985 entstanden. Der primäre Gedanke, war die Exportausdehnung unter der Nutzung vorhandener Produktionstechnik. Konkret verbirgt sich dahinter ein modulares Baukastensystem, welches durch geringfügige Modifikationen der Basismodelle, Schützenwaffen für verschiedene Einsatzzwecke schafft. Abbildung 6-41 zeigt die Konzeption des Waffenbaukastens 900 sowie die technologischen Anforderungen und Varianten.

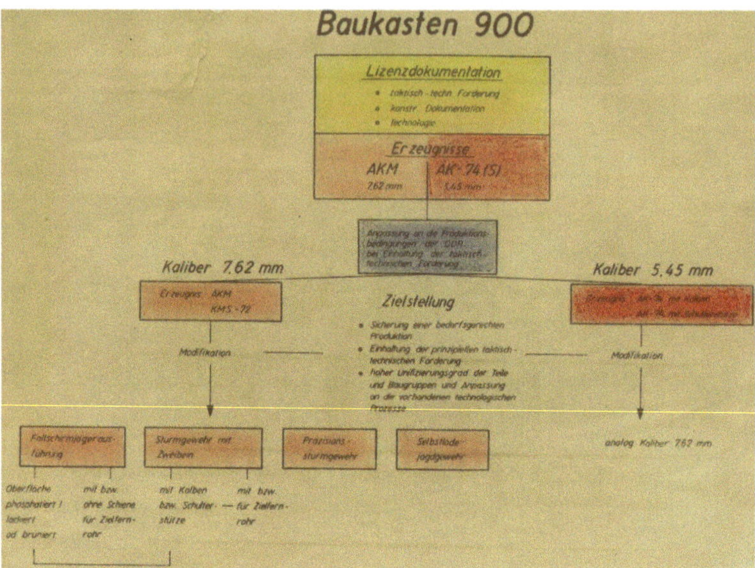

Abbildung 6-41 Konzeption des Waffenbaukastens 900 (GWB Originaldokument)

Die wesentlichen Waffen des 900er Baukastens wurden bereits vorgestellt. Das Nummerierungssystem ist so aufgebaut, dass die Zehnerziffern das Kaliber kennzeichnen sowie die Einerziffern die Modellvariante innerhalb des Kalibers, vgl. Abbildung 6-42. Die Zehnerziffern sind nachfolgenden Schema der Kaliber zugeordnet:

- 910 / 970 – Kaliber 7,62 x 39 mm
- 920 / 950 – Kaliber 5,45 x 39 mm
- 940 – Kaliber 5,56 x 45 mm

Die Untervarianten 950 / 970 sind Modifikationen der Modellreihen 910 / 920 nur im fortschrittlichen Design des Sturmgewehres WIEGER 940.

die Modellvarianten innerhalb der Baureihen haben folgende Zuordnung:

- 9x1: mit Kolben
- 9x2: mit Schulterstütze
- 9x3: mit reduziertem Lauf und Schulterstütze
- 9x4: Leichtes Maschinengewehr mit 500mm Lauf und Zweibein
- 9x5: Präzisionsgewehr mit Zielfernrohr

Abbildung 6-42 gibt eine Übersicht der Gerätebezeichnungen. Außerhalb des Baukastens gab es noch die Gerätebezeichnungen 960 und 980. Die Kodierung 960 steht für die MP KK Modell, vgl. Kapitel 6.7. und die Kodierung 980 für die ebenfalls in Lizenz im FAJAS Suhl in der DDR gefertigten Pistole Makarow.

```
                                                    Dienstsache
                                                    Reg.-Nr.: ________________

        Übersicht Gerätebezeichnung
        ─────────────────────────

        910     911         910 Kolben                                  K
                912         910 Stütze                                  S
                913         910 reduzierter Lauf                        R
                914         910 Zweibein / 500 mm Lauf                  Z
                915         Präzisionsgewehr                            PG

        920     921         920 Kolben                                  K
                922         920 Stütze                                  S
                923         920 reduzierter Lauf                        R
                924         920 Zweibein / 500 mm Lauf                  Z
                925         Präzisionsgewehr                            PG

        940     941         940 Kolben                                  K
                942         940 Stütze                                  S
                943         940 reduzierter Lauf                        R
                944         940 Zweibein / 500 mm Lauf                  Z
                945         Präzisionsgewehr                            PG

        950     951         920 Des. 940 Kolben                         K
                952         920 Des. 940 Stütze                         S
                953         920 Des. 940 reduzierter Lauf               R
                954         920 Des. 940 Zweibein / 500 mm Lauf         Z

        970     971         910 Des. 940 Kolben                         K
                972         910 Des. 940 Stütze                         S
                973         910 Des. 940 reduzierter Lauf               R
                974         910 Des. 940 Zweibein / 500 mm Lauf         Z

        980     Faustwaffe

        960     Klein-MPi
```

Abbildung 6-42 Übersicht der Gerätebezeichnungen des Baukastens 900

Neben der Modellpalette der einzelnen Kaliber wurde für den Export auch umfangreiches Zubehör angeboten.

Zum Standardzubehör gehörte je nach Waffentyp ein 30- oder 40 Schuss Magazin, Magazintasche für 4 Magazine, Reinigungsset, Nachtvisier, Platzpatronendüse und Tragegurt.

Als Sonderzubehör konnten Kampfmesser, Mündungsknalldämpfer, Abschussvorrichtung für Gewehrgranaten sowie Zielfernrohre geordert werden. Abbildung 6-43 und

Abbildung 6-44 zeigen eine Übersicht des Standard- und Sonderzubehörs der Sturmgewehrfamilie WIEGER 940.

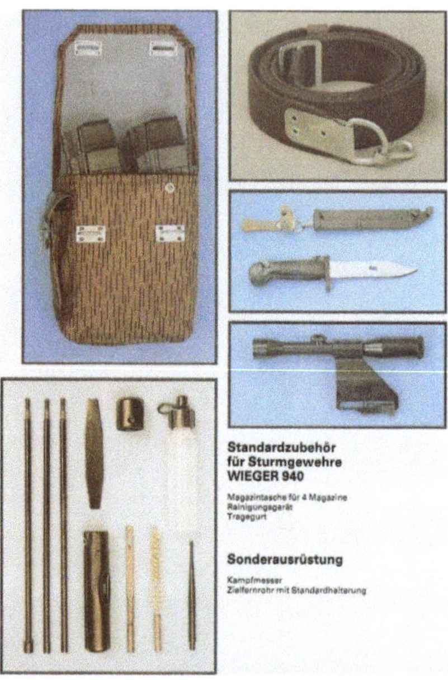

Abbildung 6-43 Standard- und Sonderzubehör für die Sturmgewehrfamilie WIEGER 940

Abbildung 6-44 Sonderzubehör Abschussbecher für Gewehrgranaten

Weiterhin wurden Wartungs- und Instandhaltungssätze (WIS) mit ausgewählten Ersatz- und Verschleißteilen des Kalaschnikow-Systems, sowie Werkzeuge und Prüfmittel angeboten, vgl. Abbildung 6-45. Damit war eine Wartung und Instandsetzung der Modelle des 900er Baukastens ohne den Einsatz von Spezialisten möglich. Ein Satz enthielt Teile für 100 Waffen verpackt in 2 speziellen Wartungskosten. Der WIS wurde mit folgenden Vorteilen beworben:

- Schnelle Wiederherstellung der technischen Einsatzbereitschaft ausgefallener Waffen durch eigene Kräfte

- Einfacher Austausch funktionstüchtiger Teile

- Erhöhung der Waffennutzungsdauer mit geringen Kosten

- Gute Sortimentsübersicht, schnelles Auffinden der Ersatzteile durch ein einheitlichen Nummernsystem

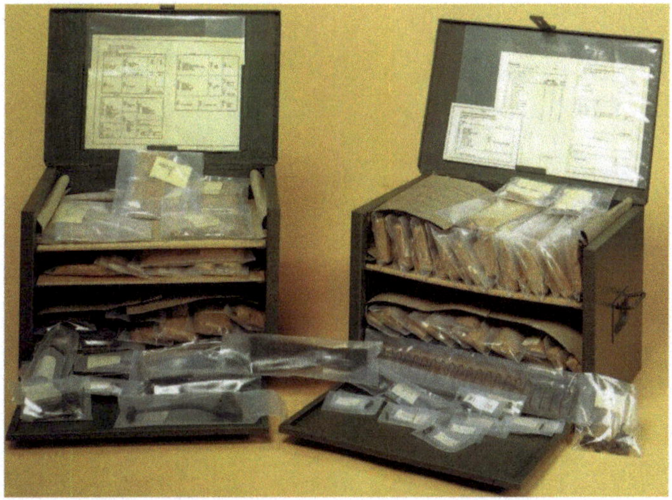

Abbildung 6-45 Wartungs- und Instandhaltungssatz WIS des 900er Baukastens

Eine Besonderheit war die in Wiesa entwickelte Verpackungstechnologie. Durch eine fettfreie Spezialverpackung und Konservierung durch ein Inhibitorpapier (Leukorrosin) Papier könnten die Waffen und Zubehörteile über mehrere Jahre unter extremen klimatischen Bedingungen gelagert werden. Nach dem Auspacken waren die Waffen ohne Nachbereitung sofort einsatzbereit. Abbildung 6-46 zeigt die Standard Transportverpackung der WIEGER 940.

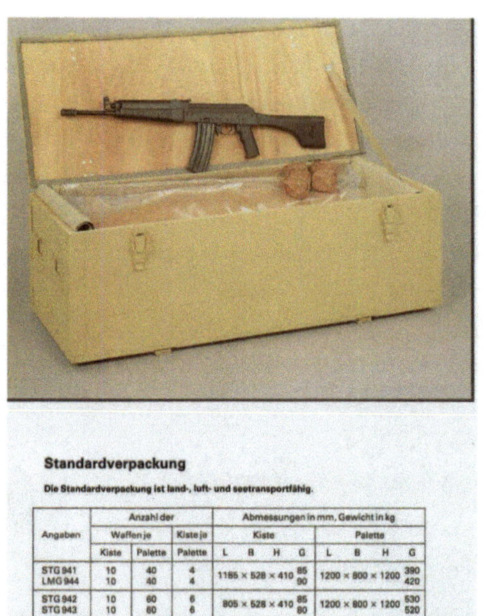

Angaben	Anzahl der			Abmessungen in mm, Gewicht in kg		
	Waffen je		Kiste je		Kiste	Palette
	Kiste	Palette	Palette	L B H G	L B H G	
STG 941	10	40	4	1185 × 528 × 410 85/90	1200 × 800 × 1200 390/420	
LMG 944	10	40	4			
STG 942	10	60	6	805 × 528 × 410 85/80	1200 × 800 × 1200 530/520	
STG 943	10	60	6			

Abbildung 6-46 Verpackung der Sturmgewehrfamilie WIEGER 940

Ein weitere Zubehörkomponente war die Justieranlage für Schützenwaffen (JAS). Die JAS ist eine mechanisch-optische Präzisionsanlage zur einfachen und präzisen Justierung von Sturmgewehren, vgl. Abbildung 6-47. Ein Anschuss kann dabei entfallen. Folgende Einsatzbereiche und Vorteile wurden im Prospekt beworben:

- Justage der Waffen in Truppenteilen unter feldmäßigen und Garnisonsbedingungen
- Schnelles, einfaches und präzises Justieren der Waffen ohne Spezialisten
- Wegfall des Anschießens der Waffen
- Unabhängigkeit von meteorologischen Bedingungen und der Tageszeit
- Hohe Produktivität
- Einsparung von Munition, keine Lärmbelästigung
- Durchschnittliche Justagezeit / Waffe 3-5 min.
- Justierentfernung 25m

Abbildung 6-47 Justieranlage für Schützenwaffen (JAS)

Zu den perspektivisch angebotenen Zielfernrohren gab es interessante Aspekte. Alle Zielfernrohre für das militärische Absehen wurden im VEB Kombinat Carl Zeiss Jena entwickelt und hergestellt. Unter den 9 Betrieben des Kombinates, die in die spezielle Produktion eingebunden waren, spezialisierte sich der Betrieb in Eisfeld auf die Entwicklung und Fertigung von Ferngläsern und Zielfernrohren. Bis 1990 war geplant für die Modelle AKM und STG WIEGER das ZFK 4 x 32, sowie für die AK- 74 das ZFK 4 x 25 von Carl Zeiss Jena anzubieten. Ab 1990 sollte der Betrieb in Eisfeld für alle dafür geeigneten Waffen (mit angebrachter Halterung) ein einheitliches auf das jeweilige Kaliber abgestimmtes Zielfernrohr zur Verfügung stellen. Die Grundlage dafür sollte das ZFK 4 x 25 für die AK-74 sein. Dabei handelt es sich im internationalen Vergleich um ein Spitzenprodukt, welches Anfang der 1980iger Jahre unter modernsten Gesichtspunkten entwickelt wurde. Durch seine geringen geometrischen Abmessungen und die Anzahl der optischen Bauteile wird ohne Einschränkungen eine optimale Abbildungsqualität garantiert. Es sollte unter extremen klimatischen Bedingungen einsetzbar sein und durch nukleare Strahlungsresistenz auszeichnen, was bedeutet, dass es durch seine Bauweise nicht geortet werden kann, vgl. Abbildung 6-48.

Abbildung 6-48 ZFK 4x25 für das STG AK-74 VEB Kombinat Hersteller Car Zeiss Jena#

Die Montage des ZFK 4 x 25 sitzt bei allen Waffenmodellen auf einer seitlichen Schiene am Gehäuse. In umfangreichen Erprobungen wurde die Dauerfeuerfestigkeit dieses ZFK unter Beweis gestellt. Das Ende der Waffenfertigung beendete auch diese Entwicklung.

7 Sturmgewehr WIEGER 940

7.1 Mythos und Wirklichkeit

Das mediale Interesse an einer Waffe, deren Produktionseinstellung bereits Jahrzehnte zurückliegt ist schon sehr erstaunlich. Das Besondere daran ist, dass die Mythen um das DDR Sturmgewehr WIEGER nicht mit der Wiedervereinigung Ihr Ende fanden, sondern das Thema WIEGER im Jahr 2016 letztlich auch noch Abgeordnete des Bundestages beschäftigte [BUN-16]. Titel wie "Schalcks Wunderwaffe", "Die heißen Eisen aus Wiesa", "Die kalte Spur zu einer heißen Waffe", "East Germany´s Phantom AK", "Heiße Spur zum DDR Sturmgewehr endet in einem Säurebottich", Exportschlager WIEGER, Mysterium WIEGER STG 940 usw. gespickt mit Attributen wie "streng geheim" oder Begriffen wie "Stasi" konnten schon das Interesse von Lesern und Zuschauern erwecken. Allerdings waren die meisten der bisher verfassten Beiträge in der Presse und im Fernsehen von der Wirklichkeit weit entfernt. Das tatsächliche Geschehen sah völlig anders aus. Selbstverständlich unterlag die Entwicklung der WIEGER den einschlägigen Geheimhaltungsvorschriften und die mit den derartigen Entwicklungen befassten Dokumente erhielten die entsprechende Einordnung als "Vertrauliche oder Geheime Verschlusssache". Auch bei allen anderen militärischen Entwicklungen oder Lizenznahmen galt das Prinzip, dass nur der Personenkreis Einblick in ein Thema erhielt, der dafür Leistungen zu erbringen hatte. Das war aber keine Besonderheit der DDR und des GWB, sondern dieses Prinzip ist bei Waffenentwicklungen in der gesamten Welt üblich. Die Entwicklung des STG WIEGER war dabei keine Ausnahme, sondern wurde nach dem gleichen Prinzip wie vorangegangene Entwicklungen behandelt. Als Beispiel kann hier die Startvorrichtung für die "Reaktive Panzerbüchse RPG 18" dienen, die im Zeitraum von 1979 bis 1983 im GWB gefertigt wurde, vgl. Abbildung 7-1.

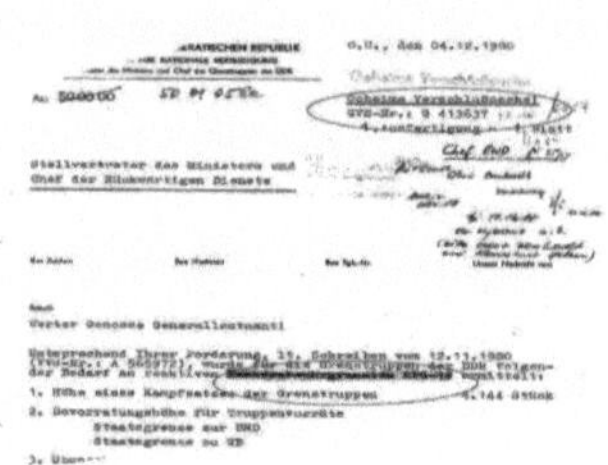

Abbildung 7-1 Beispieldokument einer geheimen Verschlusssache, Beispiel der RPG-18

Auch die in manchen Beiträgen aufgestellte Behauptung, dass das Ministerium für Staatssicherheit (MfS) in das Vorhaben WIEGER besonders involviert gewesen sei, entspricht nicht den Tatsachen. Ein Ziel dieser Art von Veröffentlichungen war auch, der DDR eine gewisse Doppelmoral zu unterstellen. Einerseits als friedliebender Staat und andererseits als Lieferant von Waffen auch in Krisengebiete und an beide Seiten von miteinander im Konflikt befindlichen Ländern. Leider muss man heute die Richtigkeit dieses Vorwurfes einräumen. Da die allgemeine Exportrentabilität von DDR Erzeugnissen nicht besonders hoch war, aber die DDR unter einem chronischen Mangel an Devisen litt, musste man diesen Schritt wohl gehen. Was dabei aber völlig verkannt wird ist der wertmäßige Umfang dieser Geschäfte. Abbildung 7-2 gibt darüber beispielhaft Aufschluss.

9. Finanzierung der KoKo
    (Einnahmen und Ausgaben der Jahre 1987/1988)

Das jährliche Handelsvolumen der KoKo wurde für die letzten Jahre mit ca. 5,3 Milliarden DM angegeben.

Die Einnahmen gliederten sich in etwa wie folgt:
- Export durch die HA II   ca. 2,7 Milliarden DM
- Export durch die HA III   ca. 0,020 Milliarden DM
  (Waffenhandel)
- Transferleistungen   ca. 1,2 Milliarden DM
- Zinsen   ca. 0,5 Milliarden DM
- Vermietungen im IHZ   ca. ?

Anlage 7 gibt eine Übersicht über Einnahmen aus der Exporttätigkeit wieder, wie sie von Dr. SCHALCK-GOLODKOWSKI angegeben wurden.

Die Ausgaben gliederten sich etwa wie folgt:

- Abgabe an Ministerium für Finanzen   ca. 1,5 Milliarden DM
- Beschaffung von Technologie   ca. 2   Milliarden DM
- Beschaffung Wandlitz   ca. 30   Millionen DM
- Sonderkonto HONECKER   ca. 300 Millionen DM

- 8 -

174

Abbildung 7-2 Finanzierung der KoKo in den Jahren 1987/88 Waffenhandel und Ausgaben [BUN-94]

Wie aus Abbildung 7-2 hervorgeht hatte die DDR mehr Ausgaben für Beschaffungen der Siedlung Wandlitz, als in den beiden Jahren durch Waffenexporte eingespielt werden konnte. Rechnet man diese Summe in € um, so beziffern sich die Waffenexporte auf 10,23 Mio €. Die Bundesrepublik hatte dagegen laut Rüstungsexportbericht im 1. Halbjahr 2019 [BUN-19] Ausfuhrgenehmigungen in Höhe von 5,32 Milliarden genehmigt. Würde man die Zahlen der Rüstungsexporte der DDR 1987/88 mit dem ersten Halbjahr 2019 vergleichen, so wäre das Ergebnis, dass die BRD aktuell pro Halbjahr ca. 2000fach mehr Rüstung exportiert, als die DDR vor deren Ende. Um Kritiken vorweg zu nehmen, eine Umrechnung im vorherigen Beispiel kann natürlich nicht 1:1 so übertragen werden, jedoch kann der resultierende sehr hohe Verhältnisfaktor auch nicht wegdiskutiert werden. In [STO-12] wurde nach umfangreichen Recherchen angegeben, dass die DDR im Rahmen ihrer Verhältnisse viel Rüstung exportierte, jedoch im internationalen Vergleich der Umfang sehr gering war. Der Leser dieser Veröffentlichung kann sich somit eine eigene Meinung zu dieser Thematik bilden.

7.2 Motivation zur Entwicklung einer Waffe im „Nato-Kaliber"

Wie im Kapitel 4.0 bereits beschrieben wurde, hatte sich der GWB Wiesa im Verlaufe seines Bestehens zu einem Betrieb mit hochmodernen Fertigungsstrecken und einem hohen Automatisierungsgrad entwickelt. Diese eigentlich anspruchsvolle Technologie hatte aber den entscheidenden Nachteil, dass sie ausschließlich für die Produktion von Waffen, speziell für das System "Kalaschnikow" geeignet war, mit Taktzeiten für eine damals perspektivisch vorgesehene Jahresproduktion von 200.00 Waffen. Die vorhandenen, mit hohem Investitionsaufwand geschaffenen Anlagen, galt es zu amortisieren. Eine zivile Fertigung war auf Grund der hochgradigen Spezialisierung jedoch ausgeschlossen.

Die Situation stellte sich so dar:

- Der NSW-Export von Waffen im Kaliber 7,62 war rückläufig, sicherlich beeinflusst vom weltweiten Übergang auf kleinere Kaliber (NATO 5,56 x 45, Warschauer Pakt 5,45 x 39)
- Die Umrüstung der NVA mit dem Modell AK-74 hatte 1985 begonnen, aber das Ende des Bedarfs lag weit vor der Amortisation der wertintensiven technologischen Ausrüstungen
- Ein Export der AK-74 vom Lizenzgeber wurde nicht zugelassen

Was lag also näher als eine Waffe zu entwickeln, die auf den vorhandenen Produktionsanlagen gefertigt werden konnte, aber von der man behaupten konnte, dass sie in weiten Teilen mit der Lizenzdokumentation nicht mehr identisch ist und deshalb die Restriktionen für den Export nicht mehr greifen. Selbstverständlich gab es auf der Ebene der zuständigen Wirtschaftsfunktionäre Gespräche wie das Problem zu lösen sei. Auch von staatlicher Stelle nicht beauftragte Vorstöße wurden dazu unternommen. So erteilte z.B. der Generaldirektor des Kombinates Spezialtechnik im zweiten Halbjahr 1982 den Auftrag für eine "Studie zur Vorbereitung der Produktion eines neuen "automatischen Gewehres im Kaliber 5,56" auf der Basis des Systems Kalaschnikow. Diese Studie, die in der Schaffung eines realen Exponates endete, wurden im Zentrum für Forschung und Technik (ZFT) Dresden realisiert. [FIC-92]. Dieses, als "Sturmgewehr 985" bezeichnete Modell, kann als erster Schritt für die spätere Entwicklung der WIEGER angesehen werden.

Es wurde notwendig die vorhandenen Gedanken und Vorgespräche in konkrete und verbindliche Beschlüsse zu fassen. Hervorzuheben ist hier die Vorlage für das Politbüro des ZK der SED vom 06.09.1983 In dieser Vorlage wurde u.a. gefordert:

- Das Aufkommen an Schützenwaffen so zu entwickeln, dass der Bedarf
    - Der bewaffneten Organe der DDR
    - Der Staatsreserve der DDR
    - Der Koalitionspartnerund
    - Des Außenhandels der DDR für NSW Exporte gesichert ist
- Des Weiteren wurde die vorrangige Orientierung
    - auf die Schaffung langfristiger stabiler Exportlinien sowie auf
    - die Entwicklung und Produktion lizenzfreier und importunabhängiger Erzeugnisse gelenkt

Konkret wurde es, als im Jahr 1986 ein Schreiben von Gerhard Tautenhahn (Minister für Allgemeinen Maschinen-, Landmaschinen- und Fahrzeugbau) und Alexander Schalk (Leiter des Bereiches Kommerzielle Koordinierung - KoKo) an den Sekretär des Zentralkomitees der SED, Günter Mittag mit exakten Vorschlägen zur Entwicklung und Herstellung einer Waffe im Kaliber 5,56 NATO gerichtet und um Zustimmung gebeten wurde, vgl. Abbildung 7-3. Diesem Schreiben lag eine vorherige Vereinbarung zwischen dem Kombinat Spezialtechnik und dem Außenhandelsunternehmen IMES zu Grunde.

Dokument 187

541

G. Tautenhahn   Berlin, den 28.10.1986
A. Schalck

Mitglied des Politbüros
und Sekretär des ZK der SED
Genossen Günter Mittag

Lieber Genosse Mittag !

Von den Generaldirektoren des VEB Kombinat Spezialtechnik Dresden
und des Außenhandelsbetriebes IMES GmbH wurde beiliegende Vereinbarung zur Entwicklung eines Sturmgewehres im Kaliber 5,56 x 45
NATO vorgelegt.

Wir schlagen vor, diese Vereinbarung zu bestätigen.
Unserem Vorschlag liegen folgende Überlegungen zugrunde:

- Die in den letzten Jahren auf Lizenzbasis durchgeführte Neuentwicklung
  des Sturmgewehres Kaliber 5,45 x 39 ist vom Lizenzgeber nicht für den
  NSW-Export freigegeben.
  Selbst bei baldiger Zustimmung der UdSSR zum NSW-Export werden die
  Absatzmöglichkeiten vorerst eingeschränkt bleiben.
  Der NSW-Kunde begibt sich mit der Einführung dieses Waffensystems
  in zu große Abhängigkeit vom Munitionshersteller. Das ist gegen-
  wärtig die UdSSR, die DDR und im begrenzten Umfang die VR China.

- Das Kaliber 5,56 x 45 NATO hat sich weltweit durchgesetzt. Alle
  namenhaften Hersteller bieten moderne Waffensysteme in diesem
  Kaliber an. Die Munition ist weltweit verfügbar.

876

542   2

- Mit der eigenständigen Entwicklung einer Erzeugnisvariante des
  Schützenwaffensystems Kalaschnikow wird DDR-seitig ein erster
  Schritt getan, um von der Position des reinen Lizenznehmers
  wegzukommen und mit eigenen wissenschaftlich-technischen
  Leistungen auf dem NSW-Markt aufzutreten.
  Die Konkurrenzfähigkeit wird dadurch erhöht, der Zugang zu
  weiteren Märkten geöffnet.

- Das parallel für die Waffe zu entwickelnde Munitionssortiment
  kann auch unabhängig vom Verkauf der Waffe für den Einsatz
  mit Geräten anderer Hersteller angeboten werden.

- Sollte sich das neue Erzeugnis nicht im beabsichtigten Umfang
  absetzen lassen bleibt die Grundauslastung der Produktions-
  kapazitäten trotzdem gewährleistet, da es sich nur um eine
  Erzeugnisvariante des Systems Kalaschnikow handelt, welches
  weiterhin für den Export und den Bedarf der bewaffneten Organe
  der DDR (AK 74) produziert wird.

Der Beginn der Exportbereitstellung ist für das 2. Halbjahr 1989
vorgesehen. Um den Beginn der Marktarbeit zu ermöglichen, werden
erste Angebotsmuster im 1. Halbjahr 1987 bereitgestellt.
Die Kosten für dieses Entwicklungsvorhaben werden vom Außenhandelsbetrieb IMES GmbH getragen. Ihre Refinanzierung muß über
den Export der Erzeugnisse gewährleistet werden.

Erbitten Zustimmung.

Tautenhahn

Scheick

877

Abbildung 7-3 Anfrage zur Entwicklung eines Sturmgewehres im Nato-Kaliber an Herrn Mittag

Am 28.07.1986 wurde der schriftliche Auftrag zur Entwicklung eines Sturmgewehres im NATO Kaliber 5,56 mm erteilt. Auftraggeber war der Außenhandelsbetrieb IMES GmbH. Als Auftragnehmer fungierte das Kombinat Spezialtechnik Dresden und als aufgabenbearbeitende Stelle das GWB, Abbildung 7-4.

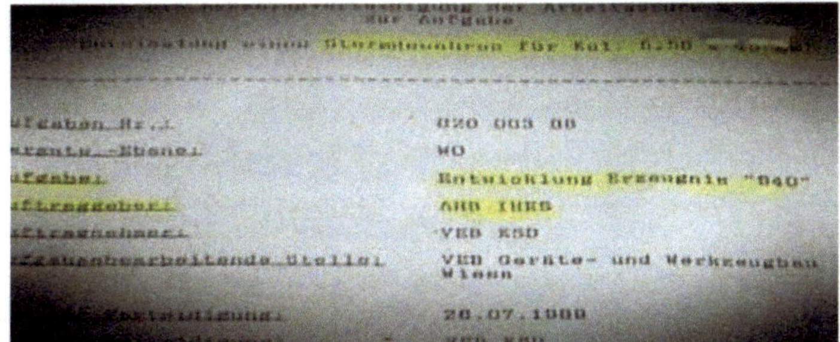

Abbildung 7-4 Entwicklungsauftrag für das STG WIEGER

Sicherlich waren die ab 1982/83 betriebenen Versuche ein Sturmgewehr im NATO Kaliber 5,56 mm zu kreieren für die Entwicklung des STG WIEGER hilfreich, aber mit Erteilung des Entwicklungsauftrages wurde das Vorhaben erst mit aller Konsequenz in Gang gesetzt. In einer Zeitspanne von nur knapp 2 Jahren wurde in Zusammenarbeit zwischen dem GWB und dem "Zentrum für Forschung und Technik" ZFT Dresden teils mit ungewöhnlichen Methoden ein Erzeugnis geschaffen, das die vom Auftraggeber gestellten Forderungen in vollem Umfang erfüllte. Unter anderen wurde am ZFT für ballistische Untersuchungen im neuen Kaliber die in Abbildung 7-3 dargestellte Gasdruck-Messwaffe noch im AKM Design realisiert.

Abbildung 7-5 Gasdruckmesswaffe im Kaliber 5.56 x 45 mm (MHM Dresden, Seriennummer: 43711011)

Die ausführliche Darlegung der weiteren einzelnen Entwicklungsschritte und die dabei erzielten Ergebnisse würde jedoch den Rahmen dieses Beitrages sprengen. Für fachlich Interessierte sei hier auf die Veröffentlichung von [FIC-92] verwiesen. Um perspektivisch besser für derartige Aufgaben gerüstet zu sein, plante die Abteilung Forschung und Entwicklung des GWB im Jahr 1988 ein Ballistisches Labor. Die Angaben zu Technologie "Studie Ballistisches Labor" übermittelte der Leiter F/E am 14.Oktober 1988 an das Konstruktionsbüro für Anlagen Berlin. Dabei handelte es sich unter anderem um eine kombinierte Staub- und Regenkammer, eine Kältekammer, einen Wärmeschrank sowie Einrichtungen zur Messung der Geschossgeschwindigkeit usw. Dieses Vorhaben kam jedoch nicht mehr zum Tragen. Außer der Adaption des Systems "Kalaschnikow" auf die Munition 5,56 x 45 bestand ein vorrangiges Ziel darin, die Waffe soweit zu verändern, dass man von einer "neuen" Waffe sprechen konnte, für die das Exportverbot der AK-74 nicht mehr zutraf. Ein Teilschritt dieser Arbeiten, waren Überlegungen zum neuen Design, dabei wurde auch eine Konzeption als Ganzschaft näher betrachtet und das in Abbildung 7-6 dargestellte Designmuster realisiert.

Abbildung 7-6 Designstudie WIEGER 940 als Ganzschaft und verlängerbaren Kolben

Damals war es jedoch technologisch schwierig größere Plastteile zu spritzen, deshalb konnte diese Konzeption nicht umgesetzt werden. Um der gestellten Forderung Rechnung zu tragen wurden, über die mit der Veränderung des Kalibers zwangsweise notwendigen Änderungen, auch andere Geräteteile der WIEGER völlig neugestaltet. Folgende Gegenüberstellung zum Basismodell AK-74 soll das zeigen:

- **Entfallene Teile:**
  - Kornhalter
  - Oberer und unterer Handschutz

- o Halterung mit vorderer Riemenöse
- **Modifizierte Teile:**
    - o Gaskolben
    - o Schlossführung
    - o Schloss
    - o Verriegelungsstück
- **Neu konstruierte Teile:**
    - o Lauf
    - o Kombinationsteil aus Verbindungsstück und Kornhalter
    - o Handschutz aus 2 Halbschalen an Stelle des oberen und unteren Handschutzes einschließlich neuer Halterung
    - o Mündungsfeuerdämpfer / Kompensator
    - o Griffstück, mit Aufnahmemöglichkeit für das Reinigungsgerät
    - o Kolben, mit Beilagen zur individuellen Längenanpassung
    - o Magazin, wahlweise in transparenter Ausführung

Damit entstand eine Waffe, die auch rein äußerlich stark vom Original AK-74 abwich, vgl. Abbildung 7-7, obwohl die größte Anzahl der Teile völlig identisch war.

Abbildung 7-7 Verkaufsprospekt des STG WIEGER 941

Da das Modell WIEGER gleichfalls als Waffenbaukasten konzipiert war, standen dem GWB nunmehr 5 Grundmodelle in jeweils 5 bzw. 4 verschiedenen Ausführungen zur Verfügung,

Abbildung 7-8 zeigt nochmals die Modellvielfalt des Baukastens 900

Dienstsache
Reg.-Nr.

Übersicht Gerätebezeichnung

910	911	910 Kolben	K
	912	910 Stütze	S
	913	910 reduzierter Lauf	R
	914	910 Zweibein / 500 mm Lauf	Z
	915	Präzisionsgewehr	PG
920	921	920 Kolben	K
	922	920 Stütze	S
	923	920 reduzierter Lauf	R
	924	920 Zweibein / 500 mm Lauf	Z
	925	Präzisionsgewehr	PG
940	941	940 Kolben	K
	942	940 Stütze	S
	943	940 reduzierter Lauf	R
	944	940 Zweibein / 500 mm Lauf	Z
	945	Präzisionsgewehr	PG
950	951	920 Des. 940 Kolben	K
	952	920 Des. 940 Stütze	S
	953	920 Des. 940 reduzierter Lauf	R
	954	920 Des. 940 Zweibein / 500 mm Lauf Z	
970	971	910 Des. 940 Kolben	K
	972	910 Des. 940 Stütze	S
	973	910 Des. 940 reduzierter Lauf	R
	974	910 Des. 940 Zweibein / 500 mm Lauf Z	
980	Faustwaffe		
960	Klein-MPi		

Interne Gerätebezeichnung in den sog. Waffenbaukästen des VEB GWB Wiesa

Aktualität 1989/90

Baukasten 910 = STG AKM
Baukasten 920 = STG AK- 74
Baukasten 940 = STG Wieger 940
Baukasten 950 = STG Wieger 950
Baukasten 970 = STG Wieger 970

Die Gerätebezeichnung 930 wird zu diesem Zeitpunkt nicht mehr besetzt. Hierbei handelte es sich um das LMG 500, welches in den Baukasten 920 eingeordnet wurde.

Die Gerätebezeichnungen 960 und 980 waren für die perspektivisch in Betracht gezogene Fertigung einer Klein-MPI (WG 66) und einer Faustwaffe (Pistole) angelegt.

Abbildung 7-8 Interne Gerätebezeichnung Baukasten 900

Mit dieser Palette war gezieltes Marketing möglich und man kam dem Ziel der Auslastung der hochproduktiven Technik ein ganzes Stück näher.

7.3 Erprobung der WIEGER 940

Im Jahr 1988 wurde die 0-Serie des Sturmgewehrs WIEGER vorbereitet und gefertigt. Vor Beginn der Serienfertigung musste die neue Entwicklung den obligatorischen Tests der "Erprobungsmethodik für Schützenwaffen" unterzogen werden. Diese Erprobung, ausgeführt durch Mitarbeiter der "Prüfstrasse" des GWB, erfolgte im NVA Objekt Marienberg. Es gab keine Beanstandungen und Ausfälle. Diese Ergebnisse bestätigten sich auch später bei Vergleichserprobungen mit Erzeugnissen der internationalen Konkurrenz. Eine Erprobung in der NVA, die als Truppenerprobung deklariert wurde, fand vom 19. bis 30. September 1988 auf einen Truppenübungsplatz der NVA in Brandenburg statt. Dabei ging es vor allem um die Handhabungssicherheit und die Trefferleistungen unter Militär-Bedingungen.

Bei der Erprobungsgruppe handelte es sich um zwei Offiziere und drei Unteroffiziere. Die Erarbeitung des der Erprobung zugrunde gelegten Programms erfolgte im GWB in Abstimmung mit der der IMES GmbH. Ziel war es, die gesamte bis zu diesem Zeitpunkt entwickelte Produktpalette 940 in die Erprobung einzubeziehen. So wurden 4 STG WIEGER 941, 3 STG WIEGER 942 und 3 STG WIEGER 943 ausgewählt und der NVA übergeben [KOP-91]. Bei dieser Truppenerprobung wurden alle Sturmgewehre im Rahmen einer Taktikausbildung stark belastet und jede Waffe mit 2.000 Schuss beschossen. Hier eine Auswahl der Ergebnisse:

- o Bei der Schießübung für MPI gemäß der NVA DV 325/0/005 wurden überwiegend gute bis sehr gute Ergebnisse erzielt

- o Bei der Schießübung für MPI gemäß der NVA DV 325/0/005 wurden überwiegend gute bis sehr gute Ergebnisse erzielt. Beim Schießen auf Entfernungen von 100 bis 600 m wurde die Visierkurve bestätigt und die Funktionssicherheit bei verschiedenen Waffenhaltungen geprüft.

- o Die Erprobungsgruppe befand, dass einen Schützen möglich ist, mit allen Ausführungen des Erzeugnisses 940 bis zu einer Entfernung von 500 m wirksames und gezieltes Feuer zu führen.

- o Weiter wurde festgestellt, dass die Funktionssicherheit bei großem Erhöhungswinkel und mit der um die Längsachse gedrehten Waffe ohne Einschränkungen gewährleistet ist.

- o Der Ablauf des Schießens bewies ebenso die Zuverlässigkeit und Funktionssicherheit der Waffe. So wurde beim Schießen am 21.09.1988 nach ca. 400 bis 450 Schuss pro Waffe eine kurze Wartung aller stark beanspruchten Teile durchgeführt. Nach weiteren 150 Schuss pro Waffe wurde der Lauf eingeölt, am 22.09.1988 wieder entölt und das Schießen ohne weitere Reinigung bis zu einer Schusszahl von 1.100 bis 1.400 pro Waffe fortgesetzt. Erst danach erfolgte eine gründliche Reinigung von Waffen und Magazinen.

Alle Waffen schlossen die Überprüfung mit gutem Ergebnis ab, doch wurden auch bisher unbekannte Mängel sichtbar. In Auswertung der Erprobung machten sich die Überarbeitung des Handschutzes, des Griffstückdeckels sowie des Mündungsfeuerdämpfer der Kurzvariante Gerät 943 notwendig. Für ein gutes Trefferbild ist das Verhältnis vom

Schützen zum Kolben entscheidend [FIC-92]. Das Vermessen (Abstand von Mitte Abzug bis Unterkante Kolben) verschiedener Sturmgewehre, darunter das STG- 44, die STG AKM und AK- 74, das STG G- 3 von Heckler & Koch, das STG M-16 A 1 von Colt, den Karabiner 98 K und das Selbstladegewehr SKS-45 erbrachte ein Ergebnis und einen Kompromiss [FIC-92]. Die WIEGER mit Kolben wurde so gestaltet, dass eine Verlängerung durch Zwischenstücke möglich war, vgl. Abbildung 7-9. Diese Lösung wurde auch bei der Erprobung in der Truppe als positives Merkmal eingeschätzt.

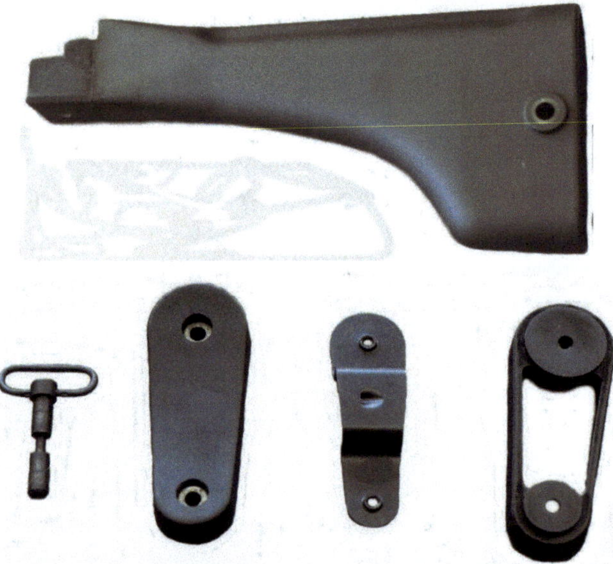

Abbildung 7-9 Kolben der WIEGER mit Verlängerungsstücken

Weitere Modifizierungen für die Serienfertigung im Jahre 1989 machten sich notwendig. Auf Kundenwunsch sollten die Sturmgewehre für den NSW Export mit einer Zieloptik für das militärische Absehen und im Bedarfsfall auch mit einem geeigneten Nachtsichtgerät ausgerüstet werden [FIC-92]. Bei der Truppenerprobung 1988 erwies sich der Mündungsfeuerdämpfer des STG WIEGER 943 nur als bedingt geeignet. Dieses wurde umgehend konstruktiv abgeändert. Die Mündungsfeuerdämpfer der anderen Waffen bestanden die Erprobung [FIC-92]. Anfang 1989 erweiterte der Auftraggeber, die IMES GmbH seine Forderungen zur Waffe. Zusätzlich zu den bisherigen Festlegungen sollte das

Sturmgewehr WIEGER 940 mit dem Seitengewehr des Sturmgewehres AK-74 komplettiert und das Schießen von Manöverpatronen ermöglicht werden. Diese Aufgabe wurde von den Konstrukteuren in Wiesa in kürzester Zeit umgesetzt. Es wurde eine zusätzliche Aufnahme für die hintere Halterung des Seitengewehres angebracht und der Mündungsfeuerdämpfer musste unter Neubestimmung der Gasentlastungsschlitze im vorderen Teil zur Aufnahme des Führungsringes des Seitengewehrs reduziert werden. Im Ergebnis der konstruktiven Überarbeitung wurden nur noch zwei Schlitze im Bereich eines Winkels von 90 Grad angeordnet. Sie waren wie bisher im vorderen Teil des Mündungsfeuerdämpfers eingearbeitet. Die Kompensator Wirkung konnte somit beim Schießen ohne als auch mit Seitengewehr optimal gestaltet werden. Da der Mündungsfeuerdämpfer der WIEGER fest auf den Lauf aufgeschraubt ist wurde als konstruktive Lösung vorgesehen, die Manöverpatronendüse von vorn in den Mündungsfeuerdämpfer einzuschrauben. Der Mündungsfeuerdämpfer erhielt dazu im hinteren Teil seiner Bohrung ein entsprechendes Gewinde. Der Durchmesser der Gasbohrung der Manöverpatronendüse wurde auf die Leistung der Manöverpatrone 5,56 x 45 mm M 200 abgestimmt und garantierte ein sicheres und ordnungsgemäßes Arbeiten mit der Waffe. Zur Sicherheit des Schützen erhielt die Düse einen silbergrauen Bezug um auch optisch zu signalisieren, dass der Lauf "verschlossen" ist und Gefahr beim Schießen mit Gefechtsmunition besteht [FIC-92] vgl. Abbildung 7-10, Abbildung 7-11.

Abbildung 7-10 Mündungsfeuerdämpfer der WIEGER mit Manöverpatronendüse

Abbildung 7-11 Mündungsfeuerdämpfer mit Seitengewehr Kampfmesser 87

Neben den Mündungsfeuerdämpfer war auch eine Neuheit, das vom Auftraggeber geforderte transparente Magazin, um den Füllstand direkt sehen zu können. Für die Fertigung des Polykarbonatmagazins für das STG WIEGER 940 wurde das Grundmaterial zum damaligen Preis von 50,-- DM pro Kilo aus der BRD beschafft. Damit konnte im Zulieferbetrieb in Rehfelde im März 1989 die Abmusterung der finalen transparenten Magazingehäuse durchgeführt werden. Anschließend erfolgte die Produktionsfreigabe [FIC-92]. Das realisierte Magazin erfüllte somit alle Anforderungen hinsichtlich Transparenz und Robustheit, vgl. Abbildung 7-12.

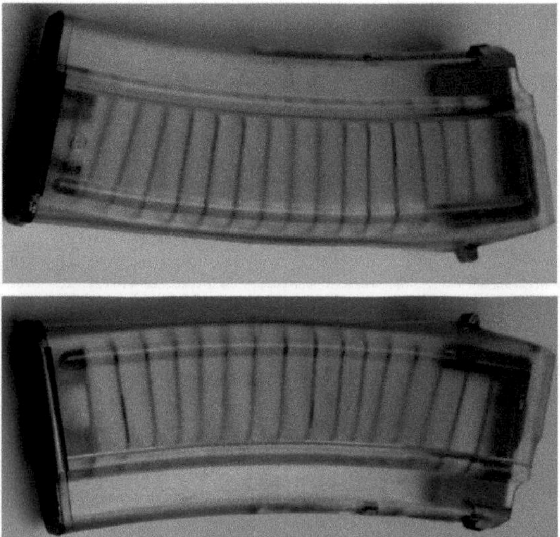

Abbildung 7-12 Transparentes Magazin aus Polycarbonat

Eine weitere Idee zur Abkehr von der sowjetischen Lizenz war die Einführung eines Feuerstoßbegrenzers. Eine entsprechende Entwicklung wurde im Auftrag des GWB Wiesa durch das ZFT Dresden vorgenommen und Ende 1989 zum Abschluss gebracht. Über den Sinn einer derartigen Einrichtung wurde jedoch sehr kontrovers diskutiert. Im Rahmen der Erprobung bei der NVA wurde eingeschätzt, dass diese Automatik bei einem geübten Schützen unvorteilhaft ist. Außerdem musste bezweifelt werden ob die angewandte Mechanik die bereits erwähnte "Erprobungsmethotik für Schützenwaffen" erfolgreich bestanden hätte. Entsprechende Tests wurden nicht vorgenommen.

7.4   Serienproduktion des STG WIEGER 940

Nach Abschluss der Entwicklungsarbeiten der WIEGER 940 bezüglich der Modelle 941, 942 und 943 begann sofort die Vorbereitung der Serienfertigung. Dies war nicht nur eine Herausforderung der Mitarbeiter der einzelnen Bereiche, sondern es erforderte auch in erster Linie umfangreiche Konstruktionen an Vorrichtungen, Werkzeugen, und Prüfmitteln sowie natürlich deren Anfertigung. Es spricht für die Ingenieure, Meister und Facharbeiter des Betriebes, sowie auch derer die in den Kooperationsbetrieben tätig waren, dass diese umfangreichen Arbeiten in kurzer Zeit bewältigt wurden. An dieser Stelle muss man auch hinzufügen, dass die gleichzeitige Serienfertigung der Sturmgewehre AKM und AK-74, die Ersatzteilfertigung und anderes mehr ebenfalls zu den täglichen Aufgaben im GWB gehörten und abgesichert werden mussten. Diese Aufgaben endeten jäh, als der Minister für Allgemeinen, Landmaschinen- und Fahrzeugbau auf Grund der veränderten politischen Situation am 04. Dezember 1989 gegenüber dem Generaldirektor des VEB KSD Dresden die Produktionseinstellung des Sturmgewehrs WIEGER 940 für den 30. April 1990 verfügte. Des Weiteren wurde angewiesen die noch vorgesehenen Lieferungen von Erzeugnissen des Baukastens 900 an die Außenhandelsorgane für NSW Exporte sofort einzustellen. Für den VEB Geräte- und Werkzeugbau Wiesa bedeutete dies, dass die Produktion aller Sturmgewehre des Baukasten 900 einzustellen ist. Dabei wurden folgende Termine festgelegt:

- AKM (Baukasten 910)   28. 02. 1990
- WIEGER (Baukasten 940)   30. 04. 1990
- AK-74 (Baukasten 920)   31. 10. 1990
- Ersatzteile dieser Erzeugnisse   30. 11. 1990

7.5 Weiterentwicklung des STG WIEGER 940

Hätte keine Einstellung der Produktion stattgefunden wären mit Sicherheit weitere Verbesserungen des eigentlich ausgereiften Systems Kalaschnikow in Erwägung gezogen worden. In die Rubrik der Abkehr vom sowjetischen Original und dem Folgen internationaler Trends gehörten folgende Ideen, die jedoch bis 1990 nur experimentellen Charakter hatten. Eine Idee war, einen Tragegriff zu realisieren. Ein entsprechender Bügel wurde im Schwerpunkt der Waffe am Visierfuß mit Arretierung integriert. Im eingeklappten Zustand störte dieser nicht dem Schützen beim Zielen, vgl. Abbildung 7-13.

Abbildung 7-13 Tragegriff mit Aufnahme am Visierfuß und Arretierung

Ein weiteres Problem, das einige Schützen am Kalaschnikow-System bisher bemängelten ist, dass der Spannhebel sich nur auf der rechten Seite befindet. Insbesondere haben Linkshänder ein Problem mit dem Spannen der Waffe. Bei der dazu angefertigten Designstudie entfiel der vordere rechte Spannhebel komplett. Am hinteren Ende wurde der Gehäusedeckel durchbrochen und ein Spannhebel angebracht, vgl. Abbildung 7-14. Damit bei Rücklauf des Verschlusses der Spannhebel nicht nach hinten geworfen wird ist dieser mit einer Arretierung versehen. Diese Arretierung wird beim Spannen automatisch gelöst. Von hinten gesehen besitzt der Spannhebel eine Kerbe, damit der Schütze nicht beim Zielen negativ beeinträchtigt wird.

Abbildung 7-14 Spannhebel mit Sicherung für eine Mittelspannung

Nachdem man mit der Entwicklung des Modells 940 den Mut hatte einen großen Schritt zu einer Neugestaltung des Systems Kalaschnikow zu machen, vgl. Abbildung 7-15, wären sicherlich in der Zukunft auch noch andere Ideen geboren worden.

Abbildung 7-15 Weiterentwicklung mit Mittelspannung und Haltegriff

7.6 Verbleib der Konstruktions- und Technologieunterlagen

An dieser Stelle soll der Ablauf dargestellt werden wie und warum die Konstruktions- und Technologieunterlagen der im GWB hergestellten Erzeugnisse, darunter die der WIEGER den Behörden übergeben wurden. Grundlage für die Abgabe aller Dokumente, welche die Schützenwaffenproduktion in Wiesa betrafen war der Austritt der DDR aus der Organisation des Warschauer Vertrages. Mit dem Schreiben des Ministeriums für Wirtschaft, Unterabteilung ökonomische Fragen der Abrüstung und Verteidigung im September 1990 wurde der Direktor des GWB informiert, dass alle mit der UdSSR geschlossenen Regierungsvereinbarungen mit Wirkung vom 3.10.1990 außer Kraft gesetzt werden, vgl. Abbildung 7-16.

Ministerrat der DDR
Ministerium für Wirtschaft
Unterabteilung Ökonomische
Fragen der Abrüstung und Verteidigung

Berlin,
LE-132/90

Spezialwerkzeuge und Hydraulik .GmbH
Herrn Reißig

Alte Bahnhofstraße

Wiesa

9322

<u>Betr.:</u> Außerkraftsetzung von Regierungsabkommen

Werter Herr Reißig!

Im Zusammenhang mit der Herstellung der Einheit Deutschlands und dem Austritt der DDR aus den Organisationen des Warschauer Vertrages wurden im Auftrage der Regierung der DDR in einer Regierungsvereinbarung zwischen der DDR und der UdSSR alle mit der UdSSR abgeschlossenen Regierungsvereinbarungen zur Produktion von speziellen Ausrüstungen in der DDR mit Wirkung vom 03. 10. 1990 außer Kraft gesetzt.

In dieser Regierungsvereinbarung bestätigen beide Seiten die unbedingte Notwendigkeit der Durchsetzung der in den völkerrechtlichen Verträgen vereinbarten Geheimhaltungsklauseln. Zur Durchsetzung dieser Verpflichtung sind alle auf der Grundlage der Regierungsvereinbarungen und der auf ihnen beruhenden kommerziellen Verträge gelieferten Dokumentationen zweckmäßigerweise sofort zu vernichten. Desweiteren ist die Produktion von militärischer Ausrüstung, die auf der Grundlage von sowjetischen Lizenzen gefertigt wird, ab sofort einzustellen. Eine bis zum 31. 12. 1990 befristete Produktion dieser Erzeugnisse ist gestattet zur Realisierung von bis zum 01. 07. 1990 abgeschlossenen Exportverträgen für das Jahr 1990 mit Ländern des Warschauer Vertrages.

Ich bitte in Ihrem Verantwortungsbereich die entsprechenden Maßnahmen einzuleiten.

Mit freundlichem Gruß

Och
Leiter der Unterabteilung

Abbildung 7-16 Schreiben zur Außerkraftsetzung von Regierungsabkommen (Archivdokument)

Wie aus dem Schreiben hervorgeht sollen insbesondere alle in Verbindung mit der Lizenzfertigung der Kalaschnikow vorhanden Dokumente möglichst sofort vernichtet werden. Ebenfalls wurde verfügt die Produktion der mit diesen Verträgen in Zusammenhang stehender militärischer Ausrüstung sofort einzustellen. Es wird für Waffenexporte in Ländern des Warschauer Vertrags bis zum 31.12.1990 gestattet. Basierend auf dieser Aufforderung wurden im GWB alle vorhandenen Dokumente zusammengestellt. Konkret gab es zwei Kategorien von Dokumenten. In 36 Kisten wurde die Lizenzdokumentation zur Herstellung von Kriegswaffen des Typs Kalaschnikow verpackt. In weiteren 24 Kisten befanden sich die in der DDR selbst erarbeiteten Unterlagen zur Herstellung von Kriegswaffen, militärischen Gerät sowie zur Instandsetzung von Schützenwaffen, vgl. Abbildung 7-17. Die insgesamt 60 Kisten á 50 kg wurden am 29.10.1990 an den Rechtsnachfolger des VEB Kombinates Spezialtechnik der Umwelt- und Ingenieurtechnik GmbH Dresden übergeben. Der Grund dafür war, dass das GWB formell nicht der direkte Lizenznehmer der sowjetischen Dokumente gewesen ist.

```
Spezialwerkzeuge und Hydraulik GmbH          Wiesa, am  29.10. 1990
           W i e s a

               Übergabe-/Übernahme-Protokoll
               --------------------------------

             "Fertigungsdokumentation für Kriegswaffen
                (Schützenwaffen) und Zubehör"


Auf  der Grundlage eines Schreibens des "Ministerrates der DDR -
Ministerium  für Wirtschaft - Unterabteilung  ökonomische  Fragen
der Abrüstung und Verteidigung" vom 28.09.1990 sind im  Zusammen-
hang  mit der Herstellung der Einheit Deutschlands und  den  Aus-
tritt der DDR aus dem Warschauer Vertrag alle mit der UdSSR abge-
schlossenen Regierungsvereinbarungen zur Produktion von  speziel-
len  Ausrüstungen  in der DDR mit Wirkung  vom  03.10.1990  außer
Kraft gesetzt und die Produktion von militärischer Ausrüstung auf
der Grundlage sowjetischer Lizenzen ab sofort einzustellen.

In Ergebnis der veränderten Rechtsverhältnisse wurde die Spezial-
werkzeuge  und Hydraulik GmbH Wiesa mit FS vom  02.10.1990  durch
den  Rechtsnachfolger des Lizenznehmers - Spezialtechnik  Dresden
AG  i.A. - aufgefordert, die Dokumente zum "Waffenbaukasten  900"
an das genannte Unternehmen zu überführen.

Davon ausgehend werden folgende Dokumente übergeben:

1. Komplex "Lizenzdokumentation" zur Herstellung von Kriegswaffen
   von Typ "Kalaschnikow"
   Spezifikation  entsprechend  Anlage 1  dieses  Übergabe-/Über-
   nahme-Protokolls

   Umfang:  36  Kisten

2. Technische Dokumente (deutsche Erarbeitungen) zur  Herstellung
   von Kriegswaffen, militärischem Gerät sowie zur  industriellen
   Instandsetzung von Kriegswaffen (Schützenwaffen)
   Spezifikation  entsprechend  Anlage 2  dieses  Übergabe-/Über-
   nahme-Protokolls

   Umfang:  24  Kisten




     Übergabe:                        Übernahme:



     R e i ß i g
     Vorsitzender der                 Geschäftsführer
     Geschäftsführung                 Spezialtechnik AG i.A.
     SWH GmbH Wiesa                   Dresden

                                      Umwelt- und Ingenieurtechnik
                                      GmbH Dresden
  Anlagen:                           König... Landstraße
                                      PSF 40
                                      Dresden
                                      8080
```

Abbildung 7-17 Übergabeprotokoll der Technischen Dokumente zur Schützenwaffenproduktion (Archivdokument)

Gleichzeitig hatte der GWB auch seine direkten Zulieferer aufgefordert, diese Kategorien von Dokumenten zu vernichten. Ab November 1990 waren also entgegen anderer Behauptungen keine Dokumente mehr am GWB vorhanden, welche die Grundlage für eine Neuauflage der Schützenwaffenfertigung ermöglicht hätten. In den 24 Kisten der deutschen Erarbeitung waren auch die Dokumente der Sturmgewehrfamilie Wieger 940 inkludiert. Abbildung 7-18 zeigt die Inhaltsangaben der Kisten, welche die Unterlagen der Wieger 940 enthielten.

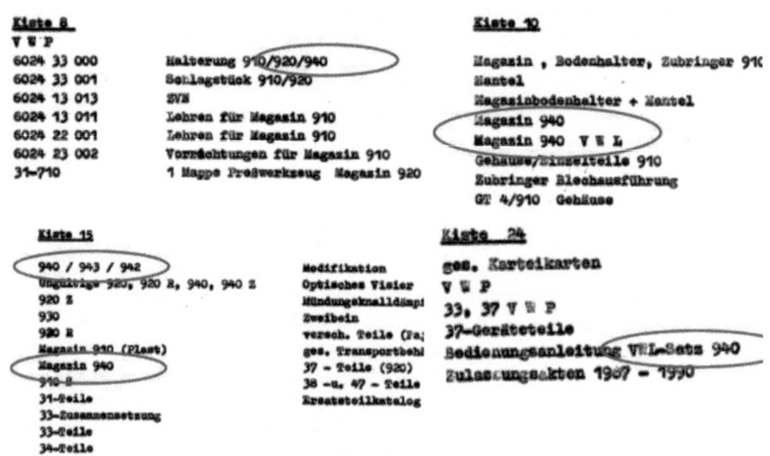

Abbildung 7-18 Kisten mit Inhalt der Dokumente der Wieger 940 (Archivdokument)

Die insgesamt 60 Kisten wurden nach der Übergabe aus Wiesa zunächst bei der Umwelt- und Ingenieurtechnik GmbH Dresden verwahrt. Damit wurden diese Dokumente aus dem Verantwortungsbereich das GWB bzw. seines Rechtsnachfolgers gegeben. Somit kann die oft verbreitete Aussage, dass 50 oder 51 Kisten mit den Konstruktionsunterlagen aus Wiesa abgeholt wurden widerlegt werden. Nach dem die insgesamt 60 Kisten nach Dresden übergeben wurden stellt sich die Frage warum der Übernehmer die Vernichtung nach Erhalt nicht veranlasst hatte, wie dies vom Lizenzgeber gefordert wurde, vgl. Dokument in Abbildung 7-16. Zu diesen Unterlagen gab es erst Anfang 1992 wieder Interesse. Konkret wurde im Auftrag des Bundesministers des Inneren ein Fregattenkapitän Völz beauftragt die Herstellungsunterlagen zur Wehrtechnik zur Verwahrung zusammenzuführen, vgl. Abbildung 7-19.

DER BUNDESMINISTER DES INNERN

Geschäftszeichen (bei Antwort bitte angeben)

IS 2 - 620 220 - 1/2

Der Bundesminister des Innern, Postfach 170290, 5300 Bonn 1

☏ (0228) 681 3708

Datum 29.01.1992

Dienstgebäude Nr.

Spezialtechnik Dresden AG
z. H. Herrn Zscharnack
Postfach 01

8080 Dresden

per Telefax: 584087

Betr.: Übernahme von Herstellungsdokumentationen pp zu Wehrtechnik
Bezug: 1. Besprechung mit Herrn Fregattenkapitän Völz
2. Telefonat mit dem Unterzeichner am 26.01.1992

Sehr geehrter Herr Zscharnack,

wie fernmündlich besprochen, ist seitens des Bundes beabsichtigt,
die bei Ihnen lagernden Herstellungsdokumentationen und sonstigen
Unterlagen zu Wehrtechnik des früheren VEB Spezialtechnik in Verwahrung
zu nehmen. Herr Völz ist beauftragt, das Material zusammenzuführen
und wird es an den bereits vereinbarten Termin bei Ihnen abholen.

Mit freundlichen Grüßen

Im Auftrag

Grotefend

Abbildung 7-19 Schreiben des Bundesministers des Innern zur Übernahme von Herstellungsdokumenten
zur Wehrtechnik (Archivdokument)

Auf dem Übernahmeprotokoll ist vermerkt, dass Herr Völz zur Abteilung Rü T II/5 gehört, vgl. Abbildung 7-20. Es wurde an dieser Stelle nicht recherchiert, zu welcher Insti-
tution diese Abteilung gehört. Der Auftraggeber war der Bundesminister des Inneren und
dieser hatte die Unterlagen nach vorheriger Absprache mit dem Inhaber der Dokumente
übernommen. Somit hatte, wie oft behauptet keine heimliche Aneignung der Unterlagen

ohne Wissen des Eigentümers stattgefunden. Auf dem Übernahmeprotokoll in Abbildung 7-20 ist noch vermerkt, dass diese Unterlagen nur vorläufig und leihweise übernommen werden sollen.

Abbildung 7-20 Übernahmeprotokoll der 60 Kisten vom Rechtsnachfolger des VEB KSD (Archivdokument)

An dieser Stelle wurde selbst nicht weiter recherchiert, welchen weiteren Verlauf diese 60 Kisten genommen haben. Wenn man sich auf [BUN-16] bezieht gelangten diese 60 Kisten vom Rechtsnachfolger des KSD nach München zum Amt für Militärkunde. Danach wurden die Unterlagen an den BWB (aktuell: Bundesamt für Ausrüstung, Informationstechnik und Nutzung der Bundeswehr – BAAINBw) weitergeleitet. Am 24.2.2003 wurden dann diese Unterlagen in Mainz vernichtet. Obwohl noch unklar ist, warum sich die Behörden die Unterlagen vom Rechtsnachfolger des KSD nur zur Auswertung leihen wollten ist Fakt, dass diese Unterlagen nach Dokument in Abbildung 7-16 bereits 1990 zweckmäßigerweise vernichtet werden sollten.

7.7 Gefertigte Stückzahlen der WIEGER 940

In Fachzeitschriften, aber noch mehr in der Tagespresse und ähnlichen Publikationen wurde viel über die gefertigten Stückzahlen der WIEGER 940 spekuliert.

An Hand vorliegender Dokumente lässt sich die Stückzahl jedoch exakt nachweisen, vgl. Abbildung 7-21.

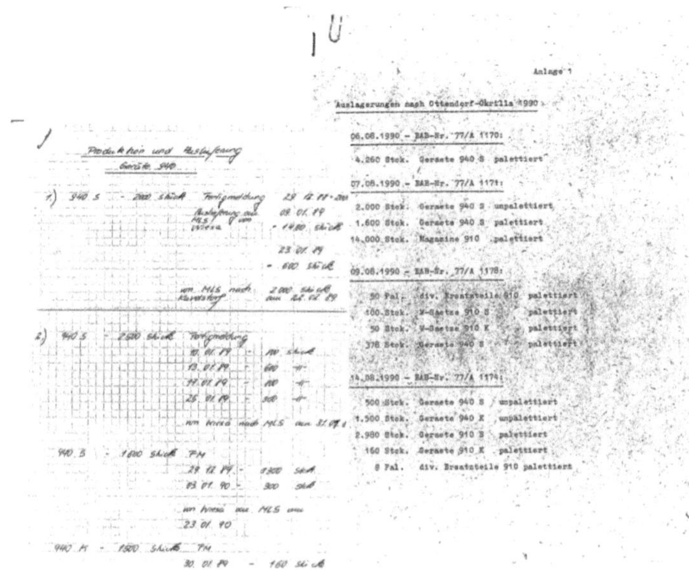

Abbildung 7-21 Gefertigte Stückzahlen (Archivdokumente)

Danach wurden in den Jahren 1988 bis 1990 insgesamt

    o   17.838   Stück Erzeugnisse 940 gefertigt

davon wurden bis 02.02.1989

    o   7.600   Stück an den Außenhandel ausgeliefert

nach Einstellung der Produktion befanden sich noch

o   10.238   Stück im Werk Wiesa

die mit Protokoll vom 08.11.1990 auf Weisung des damaligen Innenministers Diestel in der Volkspolizei Dienststelle Ottendorf Okrilla eingelagert Siehe Abbildung 7-22

Versorgungsdienste
Sachgebiet Z II 1
Waffen/Munition

Übertragung der Verfügungsgewalt

Mit Auslauf der Waffenproduktion in der Spezialwerkzeuge und Hydraulik GmbH Wiesa war eine sichere Unterbringung der Waffen im genannten Betrieb nicht mehr möglich.

Durch den damaligen Minister des Innern, Herrn Diestel, wurde am 09. 07. entschieden, folgende Waffen, Ersatzteile, Ersatzteilsätze in der VP-Dienststelle Ottendorf-Okrilla einzulagern:

13.330 Stück	7,62 mm MPi KM und KMS
3.141 Stück	5,45 mm MPi AKS 74
8.738 Stück	5,56 mm MPi KMS
1.500 Stück	5,56 mm MPi KM
14.000 Stück	Magazine
150	Ersatzteilsätze
95 Paletten diverser Ersatzteile.	

Es wird vereinbart, daß die genannten Waffen, Ersatzteile und Ersatzteilsätze in die Verfügungsgewalt des Bundesinnenministeriums übergehen.

Mit dem Übergang der Waffen in das Bundesinnenministeriums ergeben sich keine gegenseitigen Forderungen.

Im Auftrag   0 8 ... 1990

Ziesche

Vorsitzender der
Geschäftsführung

Abbildung 7-22 Übertragung der Verfügungsgewalt (Archivdokument)

Alle im Zusammenhang mit der Entwicklung der Baureihe 940 entstandenen Forschungsmuster wurden dem Militärhistorischen Museum protokollarisch übergeben. Deshalb muss an dieser Stelle noch einmal auf die eingangs erwähnter, teils unseriöser Darstellungen über den Verbleib der in Wiesa gefertigten Waffen eingegangen werden. Es wurden Vermutungen ausgesprochen, dass die im GWB gefertigten Waffen verschwunden, in dunkle Kanäle gelangt oder sogar an Terroristen gegangen sind. Die vorliegenden Dokumente beweisen, dass keine einzige Waffe das Werk ohne Nachweis oder unrechtmäßig das Werk verlassen hat.

Welchen Weg die an den Außenhandel ausgelieferten und die beim Ministerium des Innern eingelagerten Waffen genommen haben lässt sich jedoch aus unserer Sicht nicht feststellen.

8 Der Waffenexport in NSW

8.1 Übersicht und Wertung

Unter NSW versteht man Nichtsozialistische Wirtschaftsländer. Leider wurde bei bisherigen populärwissenschaftlichen Veröffentlichungen zum GWB und der verbundenen Militärwaffenproduktion der DDR der Waffenexport in die Dritte Welt oder an verfeindeten Staaten stark thematisiert. Dieses etwas dunklere Kapitel, welche immer mit den Produzenten der Militärwaffen eng verbunden wird, kann aus heutiger Sicht natürlich nicht positiv bewertet noch verschwiegen werden. Jedoch sollten auch die damaligen Verantwortlichkeiten und finanziellen Situationen berücksichtigt und mit damaligen und heutigen Akteuren verglichen werden. Im Folgenden wird ein kurzer Überblick über die Aktivitäten des Waffenexports in die Dritte Welt gegeben. Daraus geht auch hervor, dass Einerseits die DDR in Ausführung ihrer zugeordneten Großmacht (UdSSR) agiert. Weiterhin ist auch ersichtlich, dass Waffenlieferungen von zentraler Stelle geplant und ihr Absatz organisiert wurde. Die Betriebe der Rüstungsindustrie hatten darauf keinen Einfluss.

Bei dieser Diskussion ist auch der Umfang der Waffenexporte interessant. Prinzipiell stellt die DDR kein Großgerät her. Ein Schwerpunkt waren die Handfeuerwaffen. Ansonsten konnte die DDR in den meisten Fällen keine direkte Kampftechnik bereitstellen und bot Kunden oft Zubehör wie Feldlazarette, Fallschirme, Schlauchboote sowie Ausbildungs- und Instandhaltungsdienstleistungen etc. an. In Summe blieb somit der finanzielle Umsatz der DDR im Bereich der Rüstungsexporte sehr moderat.

8.2 Vor der Gründung der KoKo

Bis zum Jahre 1967 wurden keine Exporte von Rüstungsgütern oder Dienstleistungen in das so genannte "Nichtsozialistische Wirtschaftsgebiet" (NSW) getätigt. Der erste Export von 20.000 Sturmgewehren AKM wurde in den Jahren 1967 / 68 realisiert. Dabei handelte es sich um eine Hilfe für Ägypten zur Wiederaufrüstung nach dem Sechs-Tage-Krieg 1967. In den Jahren 1968 und 1969 wurde unter anderem eine Beratergruppe der DDR in die Vereinigte Arabische Republik Ägypten entsandt, die in den Militärfabriken dieses Landes auf vertraglicher Grundlage ein zentrales Institut für diese Fertigungsstellen auszubauen hatte. Der Vertrag kam auf der Grundlage eines Angebotes der ehemaligen DDR an die VAR Ägypten zustande und wurde durch das Ministerium für

Außenwirtschaft der ehemaligen DDR und der Generalorganisation für militärische Fabriken der VAR Ägypten im Jahre 1967 abgeschlossen. Dabei wirkte erstmalig eine Gruppe von Mitarbeitern der Rüstungsunternehmen der ehemaligen DDR in einem Land des "Nichtsozialistischen Wirtschaftsgebietes". Zu dieser Gruppe gehörte auch ein Mitarbeiter des GWB, der spätere Fachdirektor für Beschaffung und Absatz. Das Waffengeschäft wurde über den VEB Ingenieurtechnischer Außenhandel Berlin abgewickelt. Für den GWB lief dieser Prozess wie folgt ab: In der "Speziellen Staatlichen Auflage" die der Betrieb in Wiesa jährlich vom übergeordneten Organ erhielt war auch eine Position enthalten, die besagt für wie viel Millionen Mark Wiesa Leistungen für das NSW zu erbringen hat. Die Umsetzung dieser Auflage hatte der GWB grundsätzlich mit dem dafür zuständigen Außenhandelsunternehmen, also dem ITA vorzunehmen. Selbstverständlich war der GWB Wiesa bestrebt einen günstigen Preis für seine Leistungen zu erhalten, in Preisverhandlungen mit ausländischen Kunden wurde er jedoch nicht einbezogen. Nur Verhandlungen zu Inlandspreisen führte der GWB mit dem Ingenieurtechnischen Außenhandel Berlin. NSW - Exportländer waren: Algerien, Angola, Ägypten, Indien, Irak, Iran, Jemen, Jordanien, Kuba, Libyen, Nicaragua, Mocambique, Peru, PLO, Syrien, Uganda und Vietnam.

8.3 Nach der Gründung der KoKo

Nach der Gründung des Unternehmens Kommerzielle Koordinierung (KoKo) unter Leitung von Schalck-Golodkowski wurde der GWB im Rahmen des "Speziellen Auflage" beauftragt, auch an dieses Unternehmen Leistungen für den Export zu erbringen. Die Verträge dazu wurden durch das Außenhandelsunternehmen IMES GmbH, dass der KoKo unterstand, abgewickelt. Diese beiden Außenhandelsunternehmen ITA und IMES waren für den Export der auftragsgemäß in Wiesa gefertigten Waffen zuständig. Der GWB schloss grundsätzlich die Verträge zum Export mit diesen beide Außenhandelsunternehmen ab und vereinbarte auch die Bedingungen, die zu jedem einzelnen Vertrag gehörten. Verträge mit ausländischen Partnern schlossen auch hier nur diese Außenhandelsunternehmen nicht der Betrieb in Wiesa. Der hierbei festgelegte Verkaufspreis war jeweils höher als der, den der Betrieb in Wiesa erhielt. Die Planzahlen für 1988 waren 2.000 und für das Jahr 1989 insgesamt 9.000 Sturmgewehre WIEGER 940. In den meisten Fällen wusste der GWB nicht wohin die Waffen exportiert wurden. Das trifft vor

allem auf die IMES GmbH zu. Es war lediglich bekannt, dass die Waffen in das Auslieferungslager Rostock - Kavelsdorf verbracht wurden.

Die IMES Import Export GmbH unterstand dem Ministerium für Außenhandel der DDR
und unterhielt seit dem Jahre 1985 dieses Auslieferungslager für den Direktversand von
Waffen und Munition, sowie der Zwischenlagerung noch nicht vertraglich gebundener
Bestände. Alle für den Export bestimmten Sturmgewehre des VEB GWB Wiesa kamen
ab dem 1. Quartal 1985 in dieses Auslieferungslager der IMES GmbH.

8.4 Lieferverträge und Vormerkungen des STG WIEGER

Konkrete Absatzverhandlungen bzw. Bestellungen gab es für Peru und Indien. Indien
hatte sich angeblich für eine Lieferung von 10 Millionen Waffen vormerken lassen.
Ghana und Nigeria waren weitere potentielle Kunden.
Über die vertraglich vereinbarten Stückzahlen und über bereits erfolgte Lieferungen des
STG 940 an ausländische Kunden liegen den Verfassern jedoch keine Dokumente vor.
Die Bundesrepublik Deutschland als Rechtsnachfolger der DDR stornierte alle Export-
verträge der STG WIEGER 940 und zahlte an die betroffenen Länder entsprechende Konventionalstrafen.
Im Falle Indien wurde Ende der 90er Jahre eine eigene Waffe die INSAS entwickelt, da
die WIEGER nicht mehr verfügbar war. Bezüglich der INSAS wurde im Rahmen dieses
Beitrages nicht gründlicher recherchiert. Jedoch zeigen öffentliche Quellen, dass Indien
mit der WIEGER bzw. einer eigenen WIEGER-Lizenzproduktion eine bessere Waffe
hätte, als die eigene Lösung [BBC-05]. 30 Jahre Erfahrung in der Entwicklung und Fertigung von Sturmgewehren können nicht in kürzester Zeit aufgebaut werden.

9   Zivile Produktion des GWB

Wie in vielen anderen DDR-Rüstungsbetrieben gab es auch beim GWB eine zivile Produktion. Da auch in den 60er Jahren bereits erkannt wurde, dass der Bedarf der bewaffneten Organe der DDR nicht unendlich ist (Waffenexporte gab es zu dieser Zeit noch nicht) wurde versucht eine zivile Produktionslinie aufzubauen um bei Rückgang der militärischen Produktion eine Auslastung des Betriebes zu sichern. Zu diesem Zweck sollte die Produktion des Waschmaschinenwerkes Saalfeld nach Wiesa verlagert werden. Diese Idee stellte sich jedoch als Flop heraus, da zeitgleich im Waschmaschinenwerk Schwarzenberg eine Waschmaschine mit wesentlich besserer Leistung entwickelt und in die Produktion überführt wurde. Die Produktion der „Saalfelder Waschmaschine" wurde deshalb wiedereingestellt, bevor sie begonnen hatte. Als zivile Produktion blieben bestehen:

- Trommellagerungen für Waschvollautomaten des Waschgerätewerkes Schwarzenberg
- Schnitzmesser als "Bevölkerungsbedarf"
- Gepäckträger für Zweiräder
- Werkzeugbauerzeugnisse für Fremdbetriebe

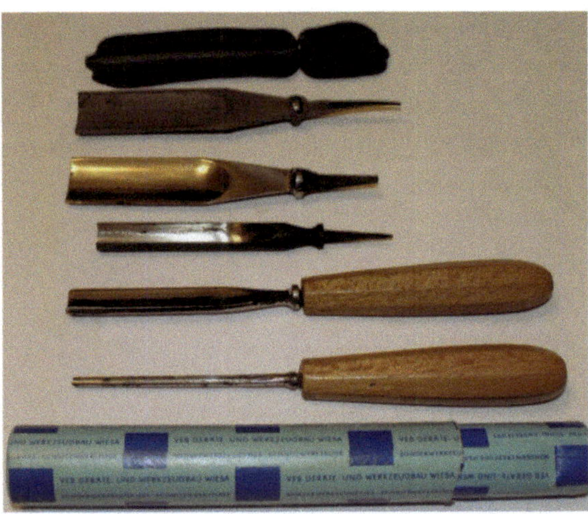

Abbildung 9-1 Im GWB hergestellt Schnitzmesser

Die Produktionsstruktur bis zum Jahre 1987 soll die Verhältnisse verdeutlichen, vgl. Abbildung 9-2. Die Folgejahre waren ähnlich gestaltet. Lediglich die Gepäckträgerproduktion wurde verlagert.

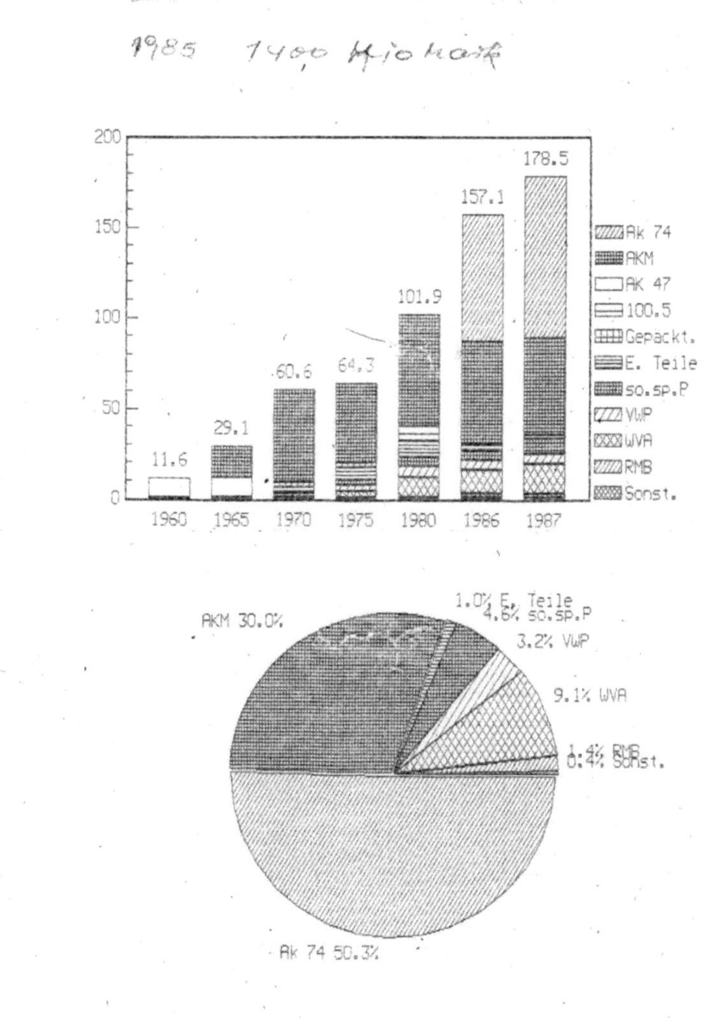

Abbildung 9-2 Anteil der Zivilen Produktion an der Speziellen Produktion

10 Wissenschaftliche Verwertung

Im letzten Kapitel soll noch ein kleiner Ausblick gegeben werden, wie die durch den Autor gesammelten Informationen zur Vielfalt der Kalaschnikow Modelle weiter genutzt wird. Da weltweit das berühmte Sturmgewehr immer noch die Nummer 1 der meist benutzten Waffen gibt es im Bereich der Kriminalität/Waffenschmuggel sehr viele Waffen im Umlauf. Der Autor hat somit im Rahmen seiner Funktion als Hochschullehrer ein Projekt zum 3D-Scan von Waffenteile ins Leben gerufen. Gemeinsam mit den Polizeiverwaltungsamt Sachsen wurden das Projekt Arizona gefördert vom BMBF bearbeitet. Ziel soll es sein, dass Polizeibeamte verdächtige Teile scannen können und die sogenannte „Waffen App" anzeigt, um welche Teile es sich handelt und wie diese rechtlich zu behandeln sind. Damit die Waffenteile erkannt werden können wurden ältere Waffen sowie Einzelteile in 3D gescannt und damit eine Künstliche Intelligenz angelernt. Eine der ersten gescannten Waffen im Projekt war eine WIEGER 941, siehe Abbildung 10-1. In Abbildung 10-2 sin die Ergebnisse der in 3D digitalisieren WIEGER 941 zu sehen.

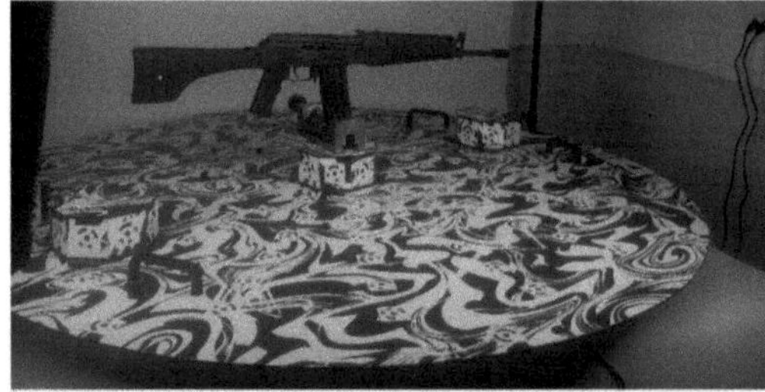

Abbildung 10-1 WIEGER 941 auf einen Drehteller eines 3D-Scanners für Waffen

Abbildung 10-2 Ergebnisse der in 3D digitalisierten WIEGER 940

Literaturverzeichnis

[BBC-05]   BBC News: *Nepal complains bout Indian guns*. In: BBC NEWS, 12. August 2005.

[BEH-14]   Behling , Klaus: *Licht ins Dunkle Zwansig Schicksalhafte Geheimdienstaktionen aus Ost und West*. Berlin Story Verlag, 2014.

[BUN-16]   Bundestag: *Sturmgewehr 940 „Wieger"*. Kurzfinformation des Wissenschaftlichen Dienstes des Bundestages WD2, 2016.

[BUN-19]   Bundesministerium für Wirtschaft und Energie: *Rüstungsexportbericht Halbjahr 2019*. 2019.

[BUN-94]   Bundestag: *Beschlussempfehlung und Bericht Schalk-Untersuchungsausschuss*. Deutscher Bundestag, Wahlperiode 12, Drucksache 12/7600, 1994.

[FIC-92]   Fichtner, Heinz: *Wieger 940 Tagebuch über die Entwicklung eines Sturmgewehres*. epubli.de, 1992.

[FRI-02]   Fritze, Hans-Jürgen; Sommerwerk, Georg; Schiller, David Th.: *Vom AK-47 zum Wieger: Made in Germany*. In: Visier das internationale Waffenmagazin, August 2002.

[GA,NE]   Generalleutnante a. D. Ullrich Gall, Wolfgang Neidhard – Dienstbereich

             Technik u. Bewaffnung MfNV, Punkt 7.5. Militärabnahme

[HÄN-91]   Hänsel, Werner; Heinz Michael: *Chronik des Unternehmens Spezialwerkzeuge und Hydraulik GmbH Wiesa (Ehemals VEB Geräte- und Werkzeugbau Wiesa)*, 1991.

[JOH-10]   Johnston, Gary Paul: *The Worlds Assault Rifles*. Ironside Intl Pub. Zweite Auflage. 2010.

[KAL-04]   Kalaschnikow, Michail; Joly, Elena: *Mein Leben*. Antje Kunstmann Verlag, München 2004.

[MAR-11]   Markus, Uwe: *Waffenschmiede DDR*. 2. Auflage, Militärverlag Berlin, 2011.

[ULB-10a]   Ulbrich, Mario: *Heiße Spur zum DDR-Sturmgewehr endet in Säurebottich*. In: Freie Presse, 6. April 2010.

[ULB-10b]   Ulbrich, Mario: *Verschollene DDR-Waffe: BND ließ Akten aus Sachsen abholen*. In: Sächsische Zeitung, 24. März 2010.

[STO-12]   Storkmann, Klaus. *Geheime Solidarität – Militärbeziehungen und Militärhilfen der DDR in die „Dritte Welt"-*. Erste Auflage, Christoph Links Verlag GmbH, Berlin, 2012.

[SPI-92]   Autor unbekannt: *Schalks Wunderwaffe*. In: Spiegel, Ausgabe 18, 1992.

[FRI-02]   Fritze, Hans-Jürgen; Müller, Thomas; Sommerwerk, Georg: *Kalaschni-kow Der Konstrukteur und eine Waffen Vom AK 47 zum PK*. Visier Special 25/2002, VS Medien, Bad Ems, 2002

[WES-07]   Westad, Odd Arne: *The Global Cold War. Third World Interventions and the Making of Our Times*, Cambridge 2007

[WOL-14]   Wolter, Andreas. *DDR Exportschlager: Wieger -Die Kalaschnikow mit Nato Munition -*. Mitteldeutscher Rundfunk, 2014.

Abbildungsverzeichnis

Kontakt zum Autor: info@stg940.de

Weiterführende Informationen sowie Werbeartikel zum Buch unter
www.stg940.de